BIBLIOTHÈQUE INTERNATIONALE D'ÉCONOMIE POLITIQUE
publiée sous la direction de Alfred Bonnet

VI

LE CARACTÈRE

ET LA

MÉTHODE LOGIQUE

DE

L'ÉCONOMIE POLITIQUE

PAR

J. E. CAIRNES

PROFESSEUR

D'ÉCONOMIE POLITIQUE A L' « UNIVERSITY COLLEGE » DE LONDRES

Traduit sur la 2ᵉ édition anglaise

PAR

G. VALRAN

DOCTEUR ÈS-LETTRES

PARIS

V. GIARD & E. BRIÈRE

LIBRAIRES-ÉDITEURS

16, RUE SOUFFLOT, 16

—

1902

LE CARACTÈRE

ET

LA MÉTHODE LOGIQUE

DE

L'ÉCONOMIE POLITIQUE

BIBLIOTHÈQUE INTERNATIONALE D'ÉCONOMIE POLITIQUE
publiée sous la direction de Alfred Bonnet

LE CARACTÈRE

ET LA

MÉTHODE LOGIQUE

DE

L'ÉCONOMIE POLITIQUE

PAR

J. E. CAIRNES

PROFESSEUR

D'ÉCONOMIE POLITIQUE A L' « UNIVERSITY COLLEGE » DE LONDRES

Traduit sur la 2ᵉ édition anglaise

PAR

G. VALRAN

DOCTEUR ÈS-LETTRES

PARIS

V. GIARD & E. BRIERE

LIBRAIRES-ÉDITEURS

16, RUE SOUFFLOT, 16

1902

PRÉFACE DE LA SECONDE ÉDITION

En offrant au public une nouvelle édition de quelques conférences données à Dublin il y a plus de dix-sept ans, nous croyons quelques mots d'explication nécessaires. Si nous considérons le fonds des opinions que nous avons avancées sur l'idée que nous avions de l'Economie politique, et de sa méthode de démonstration et d'exposition, le présent ouvrage ne diffère pas de celui qui le précède; si nous en considérons la forme et le développement, des changements considérables y ont été apportés. De nombreux passages ont été refondus : nous avons parfois fortement accusé le relief donné aux aspects d'une question qui n'avait été qu'abordée dans la première édition ; et quelques matières entièrement neuves ont été introduites. A une de ces matières, — Définition, — nous avons consacré une conférence complémentaire. Volontiers souhaiterions-nous que, dans son nouveau cadre, cet ouvrage semblât en quelque sorte moins indigne que sa première ébauche de la faveur qu'il a rencontrée. Personne en conscience ne peut savoir mieux que l'auteur combien cet ouvrage est loin de la perfection qu'il devrait avoir.

Sous le rapport de la méthode logique, la discussion dans ces derniers temps a accordé dans ses débats une large place à une question qui avait à peine retenu son attention lorsque la première édition parut : nous voulons dire l'emploi des mathématiques dans le développement de la doctrine économique. La proposition qui était alors acceptée sur ce point était que, au point de vue des sources dont l'Économie politique tire ses prémisses, la science n'admet pas les procédés des mathématiques. Depuis lors notre ami le professeur Jevons a publié un habile traité, *Théorie de l'Économie politique*, où il défend une opinion contraire ; et plus d'un, ici et sur le continent en Europe, l'ont suivi dans cette voie. Après avoir pesé les arguments du professeur Jevons avec les meilleures ressources en notre pouvoir, autant qu'il est permis à quelqu'un qui n'est pas versé dans les mathématiques, nous conservons encore notre première manière de voir. Autant que nous pouvons nous en rendre compte les vérités économiques ne sont pas de celles qui se découvrent avec l'aide des mathématiques. Si cette opinion est fausse, on a sous la main un moyen facile de la réfuter : c'est de présenter une vérité économique que l'on ne connaissait pas déjà, et à laquelle on soit arrivé par cette voie ; mais jusqu'à présent, on ne semble pas, que nous sachions, avoir fourni cette preuve évidente de l'efficacité de la méthode mathématique. En nous plaçant sur ce terrain, nous n'avons aucunement l'intention de nier la possibilité d'employer les diagrammes géométriques et les formules mathématiques, si l'on se propose de mettre en lumière des doctrines économiques vers lesquelles on aura été *conduit par d'autres sentiers;* il peut même se trouver des intelligences pour qui cette manière d'exposer un tel sujet ait des avantages. Ce que nous nous hasardons à nier, c'est la doctrine que le professeur Jevons et d'autres ont avancée, à savoir que la notion économique est susceptible d'extension par ce procédé, que les mathématiques peuvent être appliquées au développement de la vérité économique, de la même manière qu'elles sont appliquées au développement de la vérité en mécanique et en physique. A moins de démontrer, ou que les phénomènes moraux comme les sentiments comportent d'être exprimés dans des formes quantitatives, ou que les phénomènes économiques ne dépendent pas de la sensibilité, nous sommes dans l'incapacité de voir comment on peut éviter cette conclusion. « Il faut, dit M. Jevons, que les lois de l'Economie politique soient pour la plus large part des lois mathématiques, parce qu'elles traitent de quantités et de rapports de quantités. » Si nous ne nous méprenons pas, il faut, pour soutenir la proposition de M. Jevons, exiger quelque chose de plus.

Nous avons conservé la plupart des discussions dans les notes originales, quoique certaines de ces questions aient perdu beaucoup de l'intérêt pratique qu'elles avaient autrefois; ce qui jadis était dans le domaine de la spéculation est passé parfois dans le domaine de la réalité. Elles n'en serviront pas moins bien cependant à ce point de vue le dessein auquel elles servaient dans une première introduction : elles mettront en plus grande lumière les principes de la méthode économique.

Il est un devoir qui nous incombe une fois encore, c'est d'exprimer notre profonde gratitude à notre ami le professeur Nesbitt, qui, avec sa bonté habituelle, a corrigé ces épreuves, et n'a pas apporté une faible lumière à notre travail.

J. E. CAIRNES

Ridbrook Park Road, S. E., fév. 1875.

PRÉFACE DE LA PREMIÈRE ÉDITION

D'après une des conditions imposées par Whately à la chaire d'Economie politique qu'il a fondée, le professeur est dans l'obligation de publier dans l'année au moins une conférence. Dans les pages suivantes nous nous sommes aventuré considérablement au delà de la condition requise : le sujet que nous avons choisi comme très approprié à l'ouverture de notre cours n'était pas de ceux qui peuvent décemment être condensés dans une seule conférence.

A considérer les vues qui sont émises dans cet ouvrage, il peut être bon, pour prévenir toute méprise, de répudier dès le début toute prétention à énoncer quelque *nouvelle* méthode à suivre dans les recherches économiques. Notre but au contraire a été de ramener les discussions de l'Economie politique sur ces preuves et sur ces règles que l'on considérait autrefois comme les critères ultimes de la doctrine économique, mais que l'on a complètement perdues de vue dans nombre de publications recentes. Dans cette pensée, nous avons eu l'ambition d'affirmer et d'établir avec clarté le caractère de l'Economie politique, tel qu'il paraît dans cette science avoir été conçu par cette succession d'écrivains dont Smith, Malthus, Ricardo, et Mill sont les noms les plus distingués; de ce caractère nous avons alors déduit avec certitude la méthode logique qui est propre à cette science; tout en cherchant par une étude plus profonde à fortifier les conclusions auxquelles nous avons été conduits par l'analogie de la méthode qui, dans les sciences physiques, a été si féconde en remarquables résultats.

Il peut être permis de penser que nos efforts auraient mieux servi la science économique si, au lieu de nous arrêter à rechercher les principes logiques contenus dans la doctrine, nous avions tourné ces principes vers une application pratique en dirigeant nos recherches vers quelque nouvelle région. A cette objection nous ne pouvons faire qu'une réponse : les divergences d'opinions qui prévalent à présent en Economie politique parmi les écrivains sont trop nombreuses et trop fondamentales pour que, aucune issue, nous semble-t-il, s'ouvre aux économistes et leur permette d'échapper à la confusion et aux contradictions dont cette science est enveloppée; il ne leur reste qu'à recourir à ces considérations élémentaires qui ont pour but de déterminer l'importance des doctrines et la valeur de l'évidence. Dédaigner ce conflit d'opinions, et procéder à l'application de principes dont les fondements sont constamment assiégés, ce serait assigner à ses recherches un but assez mesquin.

La discussion de la méthode économique à ce point de vue nous a mis dans la nécessité de nous référer principalement aux questions sur lesquelles l'opinion est aujourd'hui divisée; en agissant ainsi nous avons été conduits fréquemment à citer des auteurs récents dans la seule pensée de nous séparer de leurs doctrines. Ce procédé que nous aurions évité avec plaisir, si notre plan avait pu s'en accommoder, a donné à certaines parties de ces conférences un caractère de controverse plus sensible qu'on ne l'eût désiré.

Il faut, nous le savons également, nous excuser du nombre et de la longueur des notes. La nature du sujet, ainsi que nous venons de l'établir, réclamait de fréquentes références aux matières qui étaient l'objet de la discussion. A répondre aux objections courantes sur les principes que nous acceptions en nous arrêtant à chaque occasion pour les discuter dans le texte, il y avait l'inconvénient de briser la suite des idées et d'affaiblir d'une manière désespérante la force de l'argumentation générale. D'autre part, passer outre sans note aucune, c'était peut-être donner encore moins satisfaction à ceux qui étaient disposés à adopter ces mêmes objections; par là nous eussions montré autant d'imprudence, nous eussions été aussi coupable qu'un général qui, envahissant une contrée, laisse sur ses derrières de nombreuses forteresses sans les avoir prises. Dans ces circonstances, il n'y avait qu'un seul parti, qu'un seul recours, c'était de transporter ces discussions dans les notes, ou dans un appendice, quand l'argumentation était trop longue.

J. E. CAIRNES

LE
CARACTÈRE ET LA MÉTHODE LOGIQUE
DE
L'ÉCONOMIE POLITIQUE

CONFÉRENCE PREMIÈRE

INTRODUCTION

1. — Condition incertaine de l'Economie politique quant à sa
doctrine fondamentale.
Principalement reconnaissable à l'influence exercée par les
succès pratiques de la science sur sa méthode.
2. — L'Economie politique : « La science de la Richesse ».
Raisons pour limiter là l'enquête.
Examen des vues de M. Say.
3. — Signification du terme « Science » dans la définition de
l'Economie politique.
Sens de l'Expression « lois des phénomènes de la richesse ».
Attitude neutre de l'Economie politique en présence de la
compétition des systèmes dans la vie sociale et industrielle.
Nature indéfiniment progressive de la recherche économique.
Maux dans la pratique qui ont résulté de l'ignorance du ca-
ractère scientifique de cette étude.

1. — En commençant une série de conférences
sur l'*Economie politique*, il est d'usage, ce qui est naturel, d'accorder une place à des remarques flatteuses
sur le progrès de la science dans ces derniers temps,
et plus particulièrement sur les résultats satisfaisants

qui ont accompagné, avec une extension cependant encore bien restreinte, la reconnaissance de ses principes dans les codes de commerce et de finances. Il n'est pas aisé en effet d'exagérer l'importance de ces récents progrès, et il est certainement exact que les doctrines économiques ont dans ces dernières années reçu quelques développements et quelques modifications utiles : en même temps nous pensons qu'il faut admettre que, dans l'ensemble, la condition présente et les perspectives de la science ne sont pas telles que, en économie politique, on les puisse contempler avec une satisfaction sans mélange.

Il y a maintenant un quart de siècle que le colonel Torrens écrivait les lignes suivantes : « Dans le progrès de l'esprit humain la période de la controverse entre ceux qui cultivent une branche quelconque de la science doit de toute nécessité précéder la période de l'unanimité. Sous le rapport de l'Economie politique, la période de la controverse s'écoule, et celle de l'unanimité approche avec rapidité. Dans vingt ans d'ici il existera à peine un doute sur un quelconque de ses principes fondamentaux » (1). Vingt-cinq années se sont maintenant écoulées depuis que cette malencontreuse prophétie a été prononcée, et cependant des questions comme les lois de la population, de la rente, du commerce extérieur, les effets des différents modes de dépenses sur la distribution, la théorie des prix toutes fon-

____

(1) *Essai sur la production de la richesse.* Introduction, p. xiii, 1821.

damentales dans la science sont encore mal établies, et doivent être considérées comme des « questions ouvertes », si cette expression peut s'appliquer aux propositions qui sont encore vivement débattues, non pas simplement par des demi-savants et des esprits superficiels, que l'on peut toujours s'attendre à rencontrer sur un terrain de dispute, mais par des hommes qui font profession de science et aux doctrines de qui l'on rend justice (1). Bien loin que la période de controverse ait passé, elle semble à peine encore commencée. Il ne s'agit pas, dans notre pensée, des controverses qui ont en vue des propositions d'importance secondaire, ou l'application pratique des doctrines scientifiques (car de telles controverses ne sont qu'une preuve évidente de la vitalité d'une science, et elles sont une condition nécessaire de son progrès); il s'agit de la controverse qui a en vue les principes fondamentaux qui tiennent à la racine de ses raisonnements et que l'on regardait comme établis lorsque le colonel Torrens écrivait.

Cet état d'instabilité et d'incertitude qui caractérise les propositions fondamentales n'est certainement pas favorable à un plein succès pour la culture de l'Economie politique; il n'est pas possible d'ériger un édifice solide ou durable sur un fonds où les sables sont si mouvants; d'ailleurs il y a un danger toujours imminent, c'est de ranimer ce scepticisme qui, introduit dans toutes les spéculations économiques, a autrefois tant entravé les progrès de cette science. Il serait vain en fait de s'attendre à ce que

_____

(1) Cf. Appendice A.

l'Economie politique progressât avec autant de rapidité et d'assurance que les sciences mathématiques
et physiques. Son étroite affinité avec les sciences
morales, comme on l'a souvent démontré, la met en
conflit constant avec les sentiments moraux et les
préventions qui peuvent à peine manquer de tomber
sous l'observation dans la discussion de ses principes, tandis que ses conclusions, intimement liées
comme elles le sont avec l'art du gouvernement,
ont une portée directe et visible sur la conduite humaine dans la poursuite des buts les plus capables
d'exciter l'activité de l'homme dans la vie. Ajoutez
à cela que les termes techniques de l'Economie politique sont tirés du langage populaire et, que par un
sort inévitable, ils participent, à un degré plus ou
moins grand, du laisser-aller propre à la conversa-
tion. Il ne faut donc pas s'attendre à ce que les discussions économiques se poursuivent avec la même
simplicité dans le plan, ou la même sévérité dans
l'expression et dans l'argumentation et par conséquent le même succès que si l'on traitait des idées
de nombre et d'étendue, ou des propriétés du monde
matériel.

De telles considérations devront sans aucun doute
rendre largement compte de l'instabilité et des vicissitudes qui ont marqué le progrès de la recherche
économique ; mais nous ne pensons pas que l'on
s'en contente pour expliquer l'hésitation actuelle et
la situation peu satisfaisante de la science, au
point de vue des principes fondamentaux. Pour
comprendre ce fait, nous devons, pensons-nous,
faire attention à des circonstances d'un caractère

plus spécial et plus particulièrement à l'influence que les succès pratiques obtenus par l'Economie politique (comme le montre à titre d'exemple l'extension rapide et progressive du commerce dans notre pays depuis l'adoption du libre-échange) ont eue sur la méthode d'étude des questions économiques.

Quand l'*Economie politique* n'avait pour se recommander à l'attention publique que son évidence propre et intrinsèque, nul ne faisait profession d'être économiste s'il n'avait consciencieusement étudié cette science et n'y avait acquis quelque maîtrise; et aucun économiste ne discutait un problème économique sans se reporter constamment aux axiomes reconnus dans cette science. Mais quand l'immense succès du libre-échange donna une preuve expérimentale de la justesse des principes sur lesquels s'appuyaient les économistes, un changement notable s'opéra à la fois dans la manière de conduire les discussions économiques, et dans la catégorie des personnes qui s'attachaient à la cause de l'Economie politique. Nombre de gens se sont enrôlés dans les rangs des économistes se donnant comme tels, qui jamais n'avaient pris la peine d'étudier les principes élémentaires de cette science; il y en eut peut-être quelques-uns qui manquaient assez de capacité pour ne pas être en état d'apprécier son évidence; tandis que ceux-mêmes qui s'étaient rendus maîtres de ses doctrines, dans leur désir intense de se rendre populaires en gagnant les faveurs de leur auditoire, étaient trop souvent conduits à abandonner le véritable terrain de la science, afin de trouver dans les faits et les résultats du libre-échange un moyen de justification plus populaire et plus frappant (1). C'était comme si les mathématiciens, pour attirer de nouveaux adhérents dans leurs rangs, avaient consenti à abandonner la méthode de l'analyse, et à asseoir la vérité de leurs formules sur la corrélation des almanachs avec les événements astronomiques. La manière sévère et logique qui caractérisait les hommes d'étude dans la science économique au commencement du siècle s'est changée au point de s'adapter au caractère différent de l'auditoire à qui les économistes s'adressent maintenant. Les discussions économiques ont constamment revêtu un caractère de plus en plus statistique; on fait appel maintenant aux résultats au lieu de remonter aux principes; les règles de l'arithmétique prévalent sur les lois du raisonnement inductif (2); à tel point que le véritable

(1) Voyez un article dans la *Revue d'Edinbourg*, avril 1854 : sur « la Consommation des subsistances dans le Royaume-Uni », et comparez-le avec la célèbre « Pétition des Marchands » de 1820, œuvre de M. Tooke. Par rapport au premier, nous pouvons citer la remarque de M. Tooke : « Il est nécessaire, même en publiant les succès d'une juste réglementation, qu'aucune violence ne soit faite aux modes de raisonnements établis, ou aux faits tels qu'ils existent. »

(2) L'erreur quant à la méthode qui vient d'être exposée est l'opposée de celle de l'*anticipatio naturæ* qui était le fléau de la science quand Bacon écrivait, et contre laquelle ses vigoureuses attaques étaient dirigées. Néanmoins (et c'est une preuve aussi bien de la sagacité philosophique qui le distinguait que de la parfaite modération de son esprit), le grand réformateur n'était pas emporté par son opposition à un abus assez grand pour ne pas voir le danger de son opinion. Dans le passage suivant, il décrit avec un soin particulier à la fois et l'erreur elle-même à laquelle nous avons prêté attention et les causes qui l'expliquent : « Quod si etiam scientiam quamdam, et dogmata

procédé de la recherche a été presque oublié, et que l'Economie politique semble en danger de réaliser la destinée d'Atalante :

Declinat cursus aurumque volubile tollit.

D'après une remarque de M. Mill, « en quelque science que ce soit, parmi ceux qui se sont appliqués au sujet, ce que l'on appelle communément différences de principe, sous la réserve de les distinguer d'après les différences de matière en fait ou en détail, s'expliquera par une différence dans la conception qu'ils ont de la méthode philosophique dans la science. Les partis qui ont entr'eux des différences sont guidés, soit consciemment, soit inconsciemment, par les opinions différentes qu'ils ont sur la nature de l'évidence appropriée au sujet » (1). Tel nous semble maintenant apparaître dans un jour manifeste le cas de ces « différences de principe » dont nous constatons l'existence aujourd'hui parmi les économistes ; nous ne pouvons donc, pensons-nous, mieux traduire les opinions de l'homme libéral qui a fondé cette chaire qu'en mettant à profit l'opportunité que nous offre l'ouverture de ce cours : c'est l'occasion de considérer avec

ex experimentis moliantur ; tamen semper fere studio præpropero et intempestivo deflectunt ad praxin : non tantum propter usum et fructum ejusmodi praxeos ; sed ut in opere aliquo novo veluti pignus sibi accipiant, se non inutiliter in reliquis versaturos ; atque etiam aliis se venditent, ad existimationem meliorem comparendam de iis in quibus occupati sunt. Ita fit ut, more Atalantæ, de via decedant ad tollendum aureum pomum ; interim vero cursum interrumpant, et victoriam emittant ' n anibus. » *Novum organum*, lib. I, aph. 70.

(1) *Essai sur des questions indécises d'économie politique*, p. 141.

une certaine étendue la nature, l'objet, les limites de la science économique, et la méthode de recherche qui lui est propre comme sujet d'étude scientifique.

En discutant la nature, les limites de l'Economie politique et la méthode qui lui est propre, nous passerons d'un trait sur les nombreuses préventions qui sont liées à l'étude de cette science, de nature les unes morale, les autres religieuse, d'autres psychologique, qui ont tant entravé ses premiers progrès. Entrer dans ces considérations pour s'étendre ce serait occuper votre temps à séjourner sur un sol que vous avez déjà probablement traversé ou que, en tout cas, vous avez la faculté de traverser en meilleure compagnie : ce serait également gaspiller notre bien que de combattre des objections qui ont cessé d'exister, ou qui, si elles existent encore, existent en dépit de réfutations répétées ? Or, ces réfutations sont trop complètes et trop irréfragables pour que nous puissions rien ajouter à leur valeur ou à leur poids : nous ne pourrions que les affaiblir en les traduisant dans notre propre langage (1).

Dès le point de départ, voici donc ce que nous prenons comme accordé : la « richesse », matière et sujet de l'Economie politique, *est* susceptible d'être étudiée suivant une méthode scientifique ; la richesse a ses lois de production et de distribution ; l'humanité dans ses opérations industrielles n'est pas gouvernée par un simple caprice

---

(1) Voyez particulièrement Whately, *Introduction à des conférences sur l'Economie politique.*

et par le hasard, mais par des mobiles dont les actes sont réglés par des lois générales et constantes, qui peuvent donc être découverts, classés, et employés pour servir de principes à des déductions subséquentes ; nous admettons également que l'on accorde que la connaissance des lois de la production et de la distribution de la richesse est un résultat qu'il est désirable et utile d'acquérir, à la fois comme une partie de l'éducation libérale et pour les desseins d'ordre pratique auxquels cette connaissance peut être appliquée ; et que cette connaissance, on est plus vraisemblablement en mesure de l'obtenir par une recherche soigneuse et systématique que par ce qui s'appelle le sens commun des praticiens, ce que d'un autre nom on pourrait appeler les grossières conjectures d'une expérience acquise sans méthode. Enfin nous admettons que l'étude de ces principes et des mobiles de la conduite humaine qui sont mis en jeu dans la poursuite de la richesse n'est pas incompatible avec les sentiments et les devoirs de la religion et de la morale.

2. — La question de la définition propre à l'Economie politique viendra plus à propos lorsque nous aurons marqué avec quelque précision et en toute certitude le caractère de la recherche, c'est-à-dire son but et les conditions dans lesquelles cette recherche est dirigée et doit être accomplie. Même ici cependant il peut être bon de se reporter à une expression aussi nette que possible sur laquelle on soit d'accord pour faire comprendre son rapport avec le sujet de la définition. Certes cet accord ne

règne pas parmi tous ceux qui discourent sur les questions économiques (car sur quoi sont-ils d'accord ?) ; il suffit pour le moins de s'entendre avec l'école d'économistes dont Adam Smith peut être considéré comme le fondateur et J.-St. Mill comme le plus récent et le plus distingué maître. Autant que nous croyons le savoir, tous les écrivains de cette école, malgré des différences sur les premières propositions de l'Economie politique ou sur la méthode de recherche, sont pour le moins d'accord pour la représenter comme la Science de la Richesse.

Cet accord implique maintenant un accord sur d'autres points de considérable importance : selon nous, ils méritent votre attention.

Si vous acceptez cette opinion, vous remarquerez que la richesse constitue la matière propre et exclusive dont l'Economie politique fait le sujet de son étude, c'est là seulement ce dont elle a en premier lieu et formellement à s'occuper. Quant aux diverses objections que dans le vulgaire l'on a avancées contre cette étude, considérant, comme on l'a dit en grandes phrases, qu'elle est « exclusivement consacrée à la richesse », il n'est pas dans notre esprit de les noter au long, pour des raisons qui ont été déjà mentionnées. Nous ferons seulement remarquer que ces objections se réduisent presque toutes à une seule : c'est qu'il y a des matières d'importance qui ne sont pas comprises dans l'Economie politique ; cette objection procède de cette idée que l'Economie politique est considérée comme un plan général d'éducation et non comme un moyen de découvrir

(1) « Que l'*Economie politique* ne s'occupe que des intérêts de

des vérités d'une espèce spéciale (1). C'est ainsi qu'un récent auteur parle dans la *North Bristih Review* assez légèrement de l'Economie politique comme d'une « science fragmentaire ». Quelle est maintenant la valeur de cette objection? L'auteur veut-il dire que l'Economie politique est un fragment du savoir universel? On peut lui faire cette concession ; toutefois la portée de l'objection n'est pas encore très apparente, à moins que nous ne supposions qu'il avait le dessein de se faire l'avocat d'une science grande et compréhensive, comme celle que Thalès et ses contemporains avaient en vue dans leurs recherches sur le point de savoir « quelle est l'origine de toutes les choses »? En effet, si l'histoire du progrès scientifique enseigne une leçon plus distinctement qu'une autre, c'est bien que la recherche humaine a en général été d'autant plus féconde en résultats que ses objets ont été plus étroitement délimités et plus clairement définis : cela revient à dire, à proportion que la science a été plus « fragmentaire ».

Tout en négligeant les objections répandues dans le vulgaire, on ne peut refuser d'admettre que la limitation de l'Economie politique à un seul sujet, « la richesse », ou, pour fixer la même idée dans une forme différente, la constitution d'une science dis-

cette vie, c'est une chose évidente, avouée. Chaque science a son objet qui lui est propre. Si elle sortait de ce monde, ce ne serait plus de l'économie politique, ce serait de la théologie. On ne doit pas plus lui demander compte de ce qui se passe dans un monde meilleur, qu'on ne doit demander à la physiologie comment s'opère la digestion dans l'estomac des anges ». *Cours complet d'Economie politique,* par J.-B. Say, t. I, p. 48, troisième édition.

tincte pour la recherche d'une classe de phénomènes appelés économiques, a été une objection qui
a été présentée par des écrivains d'autorité et de réputation. Le plus distingué parmi ceux qui ont adopté
cette manière de voir peut-être a-t-il été M. Comte.
D'après lui, tous les phénomènes que la société peut
présenter dans leur variété, politique, droit, religion,
éducation, art, aussi bien qu'économie politique,
doivent être compris et rangés dans une seule enquête ; aucune branche ou portion n'en doit être
étudiée si ce n'est dans une constante connexité
avec le reste. Nous avons discuté ailleurs cette doctrine de M. Comte avec les développements qu'elle
méritait, et nous ne pouvons mieux faire que d'y
renvoyer le lecteur (1). D'autres écrivains cependant,
et parmi eux M. Say, sans adopter cette opinion
extrême, ont désiré avancer les frontières de la recherche de l'Économie politique au delà des limites
prescrites par la définition courante : ils voulaient
embrasser dans la même discussion avec les phénomènes de la richesse une large part pour le moins des
faits qui se présentent dans la nature morale et sociale de l'homme. Cette opinion nous paraît rencontrer des objections fondamentales et insurmontables.

En premier lieu, la variété des intérêts et des considérations qui sont impliquées dans une telle conception de la science est si grande que, selon toute
apparence, on ne pourrait facilement et même pratiquement les comprendre dans un seul système de

---

(1) Voyez *Essais d'Economie politique théorique et pratique.* —
M. Comte et l'Economie politique.

doctrines. Essayerait-on d'unir dans la même discussion les lois de la richesse et les lois, ou parties de lois, de la nature sociale et morale de l'homme, il y a un vice fondamental dans ce mode d'examen. Voici en quoi il consiste. Même là où la matière que l'on a choisie comme sujet des deux enquêtes est identique, même quand les faits à observer sont semblables, il y a cependant dans les rapports et dans les aspects sous lesquels ces faits sont envisagés des différences essentielles. Les mêmes choses, les mêmes personnes, les mêmes actes sont discutés dans leurs rapports avec un objet différent ; ils réclament donc une classification qui repose sur un principe différent.

Si notre objet, par exemple, était de découvrir les lois de la production et de la distribution de la richesse, les instruments de production et de distribution dont la productivité dépend des mêmes conditions et les personnes dont la part dans les produits est réglée par les mêmes principes, seraient respectivement les uns et les autres placés dans les mêmes catégories ; au contraire, si notre objet s'élargissant comprenait des intérêts sociaux et leurs relations en général, nous pourrions chercher un arrangement très différent. C'est ainsi que la supériorité du pouvoir moral, au point de vue de la production de la richesse, est un instrument de production parfaitement analogue à la supériorité de la fertilité du sol ; ce sont tous deux des agents naturels qui ont un caractère de monopole ; et la part qu'obtiennent ceux qui possèdent ces avantages dans la richesse que ces agents contribuent à produire est réglée précisément par les mêmes principes. Des hommes de génie et des gentilshommes campagnards, quoiqu'ils n'aient guère autre chose de commun que d'être tous deux propriétaires de facteurs monopolisés, pourraient donc dans une recherche sur les lois de la richesse se ranger convenablement dans la même classe. Egalement, le salaire d'un journalier et le traitement d'un ministre d'Etat dépendent du même principe, l'offre et la demande de services ; et ces personnes, qui ont entre leur position et leur importance sociales une si large différence, seraient comprises par l'économiste dans la même catégorie. D'autre part, les fermiers et les propriétaires qui, au point de vue d'une enquête sociale, seraient probablement rangés ensemble comme appartenant à l'agriculture, seraient, si notre objet était le point étroit de découvrir les lois de la richesse, très convenablement placés dans des classes différentes : le revenu du fermier dépend des lois qui règlent le taux du profit, tandis que celui du propriétaire dépend des lois qui règlent la rente ; et ces lois non seulement ne sont pas les mêmes, mais généralement elles varient dans des directions opposées (1).

(1) La rente et le profit possèdent sous leurs aspects superficiels tant d'attributs communs qu'il n'est pas étrange qu'on soit disposé à les identifier comme des phénomènes économiques de la même espèce. Parmi les économistes français en particulier, cette idée est presqu'admise de tous ; non seulement M. Say et ceux qui l'ont généralement suivi, mais un maître habile et clair dans la pensée et l'exposition, M. Cherbuliez, de Genève, a eu la même conception de ces phénomènes. Il peut donc être bon d'établir brièvement les faits qui justifient la distinction. 1. Le taux du profit baisse, celui de la rente monte,

Comme nous l'avons dit, M. Say est un des écrivains qui ont traité l'Économie politique comme si
elle avait une plus grande largeur dans son domaine
d'examen : nulle part les inconvénients de la méthode qu'il suit ne s'offrent plus distinctement aux
regards que dans son estimable traité : en effet, il
nous semble que la plupart des erreurs dans lesquelles, sans contester les mérites généraux de son
ouvrage, il est tombé, proviennent de cette source.
Personne, pensons-nous, ne peut faire un grand
usage de ses écrits sans s'apercevoir (et la même remarque peut se faire sur plus d'un écrivain français
en économie politique et en particulier sur M. Bas-
tiat) que son raisonnement sur les problèmes économiques est entièrement conduit avec un coup d'œil
de côté sur les doctrines socialistes en honneur. Il y
a là une conséquence inévitable : son objet étant

avec le progrès de la société ; ce dernier atteint son maximum
dans les vieilles sociétés comme la vieille Angleterre, précisément là où le premier atteint son minimum. — 2. La rente et le
profit se tiennent dans des relations différentes avec le prix : par
exemple, la hausse des prix agricoles, si elle est permanente, implique, toutes les autres choses étant les mêmes, la hausse de la
rente, mais elle n'implique pas la hausse des profits agricoles,
ou bien elle lui reste étrangère ; au contraire, les profits agricoles, et les profits généralement, tomberaient très probablement
comme une conséquence de la hausse des prix agricoles. — 3. Une
taxe sur les profits de quelque branche particulière d'industrie
ferait hausser les prix dans cette industrie ; ceux qui recevraient
les profits seraient ainsi à même de transporter le poids de la
taxe sur les consommateurs des biens qu'ils produisent. Une
taxe sur la rente n'aurait pas d'effet correspondant sur les prix
agricoles et elle reposerait définitivement sur les propriétaires du
sol. — 4. Les variations dans les rentes sont lentes, et, comme
règle, dans une direction ascendante ; dans les profits et encore
plus dans les intérêts, les variations sont fréquentes et rapides,
et non dans une direction constante.

tout aussi bien de défendre la société et la propriété contre les attaques de leurs ennemis que d'élucider la théorie de la richesse, dans ces conditions, les questions qui se rapportent à la distribution de la richesse sont constamment confondues avec les questions tout à fait différentes que comprend dans le domaine social une justification des institutions existantes ; et ainsi des problèmes purement économiques, par la méthode suivant laquelle ils sont traités, se compliquent de considérations qui sont entièrement étrangères à la solution qu'ils comportent.

Ainsi il nous dit (1) que la rente, l'intérêt et les salaires sont tous parfaitement analogues : chacun donne la mesure d'utilité à laquelle le facteur de production (dont chacun est respectivement la rémunération) sert dans la production. La rente, d'après cette théorie, ne dépend pas des différents coûts auxquels, d'après les qualités physiques du sol, s'obtient le produit agricole ; ni le profit ne dépend du coût du travail, ni les salaires ne dépendent de l'offre et de la demande (2), mais chacun dépend de l'utilité des fonctions que la terre, le capital et le travail accomplissent respectivement dans la création du produit final. Ainsi les lois économiques distinctes qui règlent la distribution de la richesse parmi les propriétaires de ces trois facteurs de la production se confondent, afin d'introduire un argument *moral* qui défende

(1) *Cours complet*, t. I, pp. 213-215.

(2) M. Say, il est vrai, dans une autre partie de son ouvrage (vol. II, p. 45) établit que la loi des salaires dépend exactement de l'offre et de la demande, mais la doctrine visée dans le texte n'en est pas moins distinctement établie. Ces doctrines sont, sans aucun doute, inconciliables, mais là n'est pas notre affaire.

la structure existante de la société et pour placer les trois classes de propriétaires fonciers, de capitalistes et de travailleurs sur le même pied de convenance sociale et d'équité.

Le docteur Whewell, examinant la cause de la faillite subie par la philosophie physique dans les mains des Grecs anciens, la trouve dans cette circonstance : c'est qu'ils introduisirent dans leurs spéculations physiques des idées qui n'étaient pas appropriées aux problèmes qu'ils désiraient résoudre. Ce n'est pas, nous dit-il, comme on le suppose communément, qu'ils déprécièrent l'importance des faits ; car il semble qu'Aristote recueillit des faits en abondance ; ce n'est pas cependant qu'il y eût disette d'idées pour généraliser les faits qu'ils accumulèrent ; c'est que, au lieu de fixer fermement et exclusivement leur attention sur les idées purement physiques de force et de pression, ils cherchèrent à se rendre compte des phénomènes du monde extérieur en recourant à des considérations morales, aux idées de l'extraordinaire et du commun, du naturel et du non naturel, de la sympathie, de l'honneur et de l'amour ; le résultat par suite fut que leurs investigations ne les conduisirent à rien, hormis à des théories fantastiques et à des jeux de mots (1).

(1) L'explication que donne sir John Herschell de cette faillite est en substance la même. « Aristote, dit-il, vit du moins la nécessité d'avoir recours à la nature pour quelque chose qui ressemble aux principes de la science physique ; et pour observer, recueillir, coordonner les faits et les phénomènes, il fut sans égal dans son âge. Ce fut la faute de cet âge, et du style faux et léger des disputes verbeuses qui alors infectaient le savoir, plutôt que la science propre, qui le livra à des luttes où on lui apportait des

Maintenant l'introduction dans les discussions économiques de considérations, telles que celles auxquelles nous avons prêté attention dans l'exemple tiré de M. Say, nous semble être une erreur précisément de la même nature que celle qui fut commise par les Grecs anciens dans leurs spéculations physiques ; c'est une erreur à laquelle semble presque inévitablement conduire la méthode adoptée par M. Say : n'embrasse-t-il pas dans la même discussion les principes et les fins de la vie sociale avec les lois économiques de la richesse? L'auteur qui traite ainsi l'Économie politique s'expose dans son travail à une constante tentation d'errer des idées qui sont strictement appropriées à son sujet vers des considérations d'équité et de convenance qui ne sont propres qu'au sujet plus étendu de la société. Au lieu de s'adresser au problème, s'en rapportant à la loi d'après laquelle des faits certains résultent de principes certains, il commence par expliquer comment l'existence des faits en question est conforme au bien-être social et à l'équité naturelle ; et en général il continue à se tromper lui-même par l'idée qu'il a résolu un problème économique ; en fait, au contraire, il a seulement revendiqué ou il s'est persuadé lui-même d'avoir revendiqué un arrangement social.

Ce que l'on objecte à cette manière de traiter l'Économie politique subsiste comme il semble. Il n'y a

notions vagues et décousues, tirées de l'observation générale et vulgaire, là où aurait dû trouver place une recherche soigneuse, avec des exemples bien arrangés et pleinement considérés pour établir les lois de la nature. »

pas de compatibilité de nature dans les investigations qu'elle cherche à combiner, c'est donc une objection fondamentale. Croirait-on même désirable de donner le nom d'Economie politique à une recherche qui eût un plus large domaine, il serait toujours nécessaire de lui réserver une place à part pour séparer et distinguer dans une recherche spéciale les lois de la production et de la distribution de la richesse.

3. — Mais en second lieu, la définition ordinaire représente l'Economie politique comme une science, et (comme nous l'avons dit ailleurs) pour ceux qui saisissent clairement ce que science, dans le sens moderne du terme, signifie, ce terme doit suffisamment indiquer en même temps son domaine et son but. Par malheur, il y en a beaucoup qui comprennent parfaitement ce que science signifie lorsque le mot s'emploie pour des phénomènes relatifs à la nature physique, et les mêmes se permettent de glisser dans un sens totalement différent, ou plutôt ils vont jusqu'à ne reconnaître aucune distinction dans l'usage qu'ils en font, lorsqu'ils l'emploient pour les phénomènes du monde social. Dans l'esprit d'un grand nombre de gens on appelle science sociale tout ce qui se propose l'examen des phénomènes sociaux, soit pour remédier à un mal, soit pour promouvoir l'ordre et le progrès dans la société ; on appelle Economie politique tout ce qui, en quelque manière, a rapport à la production, la distribution ou la consommation de la richesse. Nous sommes désireux maintenant d'insister sur ce point fondamental : tout ce qui prend la forme d'un plan

tendant à une fin pratique définie, que ce soit une mesure pour la diminution du paupérisme, pour la réforme de la tenure de la terre, pour l'extension de la coopération appliquée à l'industrie, pour la réglementation de la concurrence; ou que cela revête une forme plus ambitieuse, et vise à réorganiser la société en la plaçant sous les pouvoirs temporel et spirituel, représentés par un grand-prêtre de l'humanité et trois banquiers, peu importe quel que soit le but, large ou étroit de vue, sévèrement judicieux ou grossièrement imprudent, si son objet est d'accomplir une fin pratique définie, nous pouvons dire alors qu'il n'a pas le caractère d'une science, et il n'a aucun droit à en réclamer justement le nom. Considérez le cas de quelqu'une des sciences physiques reconnues, l'Astronomie, la Mécanique, la Chimie, la Physiologie : aucune de ces sciences vise-t-elle à un but pratique défini? vise-t-elle à modifier dans une manière définie, peu importe comment, l'arrangement des choses dans l'univers physique? Évidemment non. Dans chaque cas l'objet est, non pas d'atteindre des résultats tangibles, non pas de prouver quelque thèse définie, non pas de plaider quelque plan pratique, mais simplement de projeter de la lumière sur un point, de révéler les lois de la nature, de nous dire quels phénomènes se groupent par leurs ressemblances, quels effets procèdent de quelles causes. Résulte-t-il de cette conception que les sciences physiques n'ont point de portée sur les intérêts pratiques de l'humanité ? Nous n'avons pas besoin, pensonsnous, de nous mettre dans l'embarras pour répondre à cette question. L'Économie politique est donc bien une science dans le sens même où l'Astronomie, la Mécanique, la Chimie, la Physiologie sont des sciences. La matière qui fait son objet est différente ; elle s'attribue les phénomènes de la richesse, tandis que les autres ont pour part les phénomènes de l'univers physique : mais sa méthode, son but, le caractère de ses conclusions sont les mêmes que les leurs.

Ce que l'Astronomie fait pour les phénomènes des corps célestes. ce que la Mécanique fait pour les phénomènes du mouvement, ce que la Chimie fait pour les phénomènes de la combinaison chimique, ce que la Physiologie fait pour les phénomènes des fonctions de la vie organique, c'est ce que l'Economie politique fait pour les phénomènes de la richesse ; elle explique les lois par lesquelles ces phénomènes existent ou suivant lesquelles l'un succède à l'autre, c'est-à-dire elle expose les lois des phénomènes de la richesse.

Exposons ici brièvement ce que nous entendons par cette expression. Elle est de celles qui sont d'un usage fréquent ; mais comme beaucoup d'autres expressions d'un fréquent usage, elle n'apporte pas toujours peut-être à l'esprit de celui qui l'entend une idée très définie. Nous n'entendons donc pas, par les lois des phénomènes de la richesse, les actes du Parlement. Nous entendons les lois naturelles de ces phénomènes. Maintenant quels sont ces phénomènes de la richesse ? Simplement, les faits de la richesse ; des faits tels que la production, l'échange, le prix ; ou encore les formes diverses que la richesse revêt dans le processus de la distribution, telles que salaires, profits, rentes, et ainsi de suite.

Voilà les phénomènes de la richesse ; et les lois naturelles de ces phénomènes sont des relations certaines, constantes dans lesquelles ils se trouvent l'un envers l'autre ou avec leurs causes. Par exemple, le capital croît d'année en année en Angleterre suivant une certaine allure du progrès ; dans les États-Unis, cette allure est considérablement plus rapide ; en Chine, considérablement plus lente. Maintenant ces faits ne sont pas naturellement fortuits. Ce sont les résultats naturels de certaines causes ; elles sont en rapport avec les circonstances physiques naturelles des contrées en question, l'intelligence et les mœurs du peuple qui les habite, et leurs institutions sociales et politiques ; et aussi longtemps que les causes restent les mêmes, les résultats resteront les mêmes. Semblablement les prix des denrées, la rente de la terre, les taux des salaires, des profits, de l'intérêt, diffèrent dans des contrées différentes ; mais ici encore, ce n'est pas au hasard. Les formes particulières que ces phénomènes revêtent ne sont pas plus matière au hasard que la température ou les productions minérales des contrées où elles se rencontrent ne sont matière elles-mêmes au hasard, ou que la faune ou la flore qui vivent à la surface de ces contrées no sont matière au hasard. De même dans le cas du monde physique et du monde économique, les faits dont nous constatons l'existence sont les résultats de causes entre lesquelles il y a avec eux une connexité constante et invariable. Ce sont aussi les relations constantes qui se révèlent dans les phénomènes économiques que nous avons en vue, quand nous parlons des lois des phénomènes de la richesse ; c'est dans l'exposition de ces lois que consiste la science de l'Economie politique. Si vous nous demandez où réside l'utilité d'une telle exposition des lois économiques, nous répondons : précisément dans la même circonstance qui constitue l'utilité de toute connaissance scientifique. Elle nous apprend les conditions de notre puissance relativement aux faits de l'existence économique : ce sont les moyens par lesquels, dans le domaine du bien-être matériel, nous atteignons nos fins. C'est par une telle notion que l'homme devient le ministre et l'interprète de la Nature et apprend à contrôler la Nature en lui obéissant.

Maintenant nous vous demandons d'observer ce qui découle de cette conception pour notre étude. En premier lieu, vous remarquerez que, dans cette conception, l'Economie politique se tient à part de tous les systèmes particuliers d'institutions industrielles et sociales. Elle n'a rien à voir avec le « laissez faire », pas plus qu'avec le communisme ; avec la liberté de contrat, pas plus qu'avec le Gouvernement paternel, ou avec les systèmes des constitutions. Elle se tient à part de tous les systèmes particuliers et elle est, de plus, absolument neutre entre tous. Ce n'est pas que la notion qu'elle donne ne puisse s'employer pour en recommander quelques-uns et en discréditer d'autres. C'est inévitable, et ce n'est que l'usage propre et légitime de la notion économique. Mais nonobstant cet usage, la science est neutre entre les schémas sociaux. Dans ce sens important, elle ne prononce aucun jugement sur l'infériorité ou l'imperfection des fins visées dans de tels systèmes. Elle nous dit ce que leurs effets seront en ce qui regarde une classe spéciale de faits, comme pour apporter une contribution de données qui aident l'esprit à se former une opinion sur eux. Mais ici finit sa fonction. Les données ainsi fournies peuvent en fait aller jusqu'à déterminer notre jugement, mais elles ne le font pas nécessairement, et dans la pratique elles ne le feraient pas toujours ainsi. Car il y a peu de problèmes pratiques qui ne présentent d'autre aspect que des aspects purement économiques, politiques, moraux, pédagogiques, artistiques, et ceux-ci peuvent embrasser des conséquences assez graves pour que l'on renonce à des solutions purement économiques. Sur l'importance relative de considérations si contraires, l'Economie politique n'apporte aucune opinion, ne prononce aucun jugement, se tenant ainsi, comme nous l'avons dit, neutre entre des plans sociaux rivaux ; neutre, comme la science de la mécanique se tient neutre entre les plans rivaux de constructions de chemin de fer, où la dépense, par exemple, aussi bien que la puissance mécanique, est à considérer ; neutre, comme la chimie se tient neutre parmi les plans rivaux d'un établissement sanitaire ; comme la philosophie se tient neutre entre des systèmes opposés de médecine. Elle fournit les moyens, ou plus correctement une partie des moyens pour les apprécier tous ; elle refuse de s'identifier avec aucun.

Maintenant, nous désirons appeler l'attention particulièrement sur ce caractère de la science économique, parce que nous ne pensons pas qu'il soit généralement apprécié ; parce que quelques conséquences sérieuses et en fait lamentables ont surgi de sa méconnaissance. Voici, par exemple, une supposition assez fréquente. Par ce fait que l'Economie politique comprend dans son exposition les théories des salaires, des profits, de la rente, la science se trouve, en conséquence, engagée à approuver notre mode actuel de vie industrielle où trois classes distinctes, travailleurs, capitalistes, propriétaires, reçoivent une rémunération sous ces formes. Et alors, quelques réformateurs sociaux, qui dans leur idéal de vie industrielle conçoivent une modification de notre système actuel, ont pensé qu'ils étaient appelés à dénoncer et à railler la science économique ; à leurs yeux, elle cherche en vérité à stéréotyper les formes actuelles de la vie industrielle, et, par conséquent, opposées à leurs vues. Mais c'est là une erreur complète. La science économique n'a pas plus de connexité avec notre système actuel d'industrie que la science de la mécanique n'en a avec notre système actuel de chemins de fer. Nos lignes actuelles de chemins de fer ont été posées d'après les meilleures notions de mécanique existantes ; mais nous ne pensons pas qu'il soit nécessaire sur ce point, comme condition préliminaire de l'amélioration de nos chemins de fer, de dénoncer la science de la mécanique. Si les salaires, les profits, la rente trouvent une place dans les théories économiques, c'est simplement parce qu'elles sont les formes que la distribution de la richesse revêt dans la constitution actuelle de la société. Ce sont des phénomènes qu'il est besoin d'expliquer. Mais il est également du domaine de l'Economie politique de montrer l'action des modifications proposées à ce système, et d'exposer l'opération des lois de la production et de la distribution dans ces nouvelles conditions. Et, en nous plaçant à un point de vue analogue, nous avons le droit de faire cette remarque : c'est que, bien loin que, comme on le suppose parfois, la science économique ait fait son œuvre et qu'ainsi, devenue surannée pour les desseins pratiques, elle soit un objet de simple curiosité historique, elle appartient, au contraire, à la classe des sciences dont le travail ne peut jamais être complété, jamais du moins aussi longtemps que les êtres humains continueront à progresser; car la plus importante portion des données d'où elle tire ses raisonnements est le caractère humain et les institutions humaines, et en conséquence toute chose qui affecte ce caractère ou ces institutions doit créer de nouveaux problèmes pour la science économique. L'économiste diffère du publiciste qui a affaire à des phénomènes incapables de développement, toujours essentiellement les mêmes ; pour l'économiste les principaux faits de son étude, l'homme comme être industriel, l'homme comme organisé en société, sont toujours soumis au changement. Les conditions économiques de la vie patriarcale, ou de la vie chez les Grecs ou chez les Romains, ou de la vie féodale, ne sont pas les conditions économiques de la vie commerciale moderne; et si l'Economie politique avait été en honneur dans ces temps primitifs, dans l'antiquité, dans le Moyen Age, tout en contenant, sans doute, alors quelques doctrines que nous ne trouvons pas maintenant en elle, elle aurait manqué d'un grand nombre de celles que maintenant elle contient. On n'a qu'à observer les discussions sur la concurrence et le crédit qui ont accompagné le grand développement du commerce de l'Angleterre pendant cette dernière moitié du siècle pour voir combien les besoins changeants d'une société en progrès entraînent de nouveaux problèmes pour l'économiste, et déterminent un nouveau progrès de la doctrine économique. En ce moment, on peut voir qu'une telle occasion est imminente. Depuis que les doctrines économiques qui maintenant tiennent leur place dans les manuels anglais sont entrées dans le domaine public, un nouveau mode d'organisation industrielle s'est établi dans la Grande-Bretagne et dans les autres contrées. La coopération est maintenant une réalité, et si les signes ne sont pas trompeurs, elle commande bel et bien une importante transformation dans l'industrie de l'Angleterre. Maintenant le trait caractéristique de la coopération, si on l'observe à un point de vue économique, c'est qu'elle combine dans la même personne les deux capacités du travailleur et du capitaliste; tandis que nos théories actuelles de la répartition industrielle présupposent une répartition de ces capacités entre des personnes distinctes. Evidemment, nos théories actuelles doivent être insuffisantes pour élucider un état de choses différent de celui qui a été observé dans leur élaboration. Nous avons ainsi besoin d'une nouvelle exposition de la loi de la rémunération industrielle, une exposition adaptée à un état de choses où les gains des producteurs, au lieu de prendre la forme de salaires, de profits et de rentes, sont réalisés dans une seule somme composée. Nous donnons ceci comme un exemple des nouveaux développements de la théorie économique que le progrès de la société appellera constamment. C'est donc une question ouverte que de savoir si c'EST là la direction dans laquelle la société industrielle se meut; et il y a, nous le savons, ceux qui tiennent que ce n'est pas vers la coopération, mais plutôt vers les « Capitaines de l'industrie », et vers l'organisation des ouvriers sur un plan militaire que le courant se dessine. Il peut en être ainsi et dans ce cas le problème économique de l'avenir ne sera pas celui que nous avons suggéré ci-dessus ; néanmoins, il subsistera toujours un problème économique. Si les sociétés étaient organisées demain sur les principes de M. Comte, aussi longtemps que la nature physique et humaine resterait ce qu'elle est, les phénomènes de la richesse montreraient de constantes relations et seraient gouvernées par des lois naturelles; et ces relations, ces lois, il serait toujours important de les connaître. La fonction de l'économiste serait aussi utile que jamais.

« Voici cependant une conséquence, bien plus sérieuse, de cette ignorance qui néglige d'observer l'attitude neutre de cette étude dans ses rapports avec les questions de réforme pratique. Cette ignorance a produit un singulier effet : elle a aliéné à l'Economie politique les esprits de la classe des travailleurs. Elle n'a pas apparu sous les dehors neutres d'une exposition de vérités, d'une contribution de données certaines à la solution des problèmes sociaux, données qui ne s'imposent d'elles-mêmes à personne, et dont l'agencement pratique ne peut être déterminé qu'après que toutes les autres données impliquées dans le problème sont connues ; elle ne s'est pas présentée comme la chimie, la physiologie, la mécanique se présentent ; au contraire, l'Economie politique, trop souvent, a fait son apparition, spécialement lorsqu'elle s'est approchée des travailleurs, sous les dehors d'un Code dogmatique de règles tranchantes et sèches, un système promulguant des décrets, « sanctionnant » un arrangement social, en « condamnant » un autre, exigeant des hommes, non pas la considération, mais l'obéissance. Maintenant quand nous tenons compte du sort des décrets qui sont ordinairement donnés au monde sous le nom d'Economie politique, décrets qui, à notre avis, nous pouvons le dire, en général, se réduisent à une belle ratification des formes actuelles de la société présentée comme approximativement parfaite, nous pensons être capable de comprendre la répugnance, et même la violente opposition manifestée à l'égard de l'Economie politique par le peuple, qui a ses raisons personnelles pour ne pas partager cette admiration sans bornes pour nos arrangements industriels actuels, admiration ressentie par quelques orateurs populaires qui plaident pour de prétendues lois économiques. Quand on dit à un travailleur que l'Economie politique « condamne » les grèves, hésite sur la coopération, regarde d'un mauvais œil les propositions pour limiter les heures de travail, mais « approuve » l'accumulation du Capital, et « sanctionne » le taux courant des salaires, il semble assez naturel de répondre que, « depuis que l'Economie politique est contre le travailleur, il convient que le travailleur soit contre l'Economie politique ». Il semble assez naturel que ce nouveau code vienne à être regardé avec suspicion, comme un système vraisemblablement inventé dans l'intérêt des employeurs, et c'est d'une élémentaire sagesse que des travailleurs répudient ce code et ne le regardent point comme leur propre auxiliaire. L'Economie politique est ainsi placée dans une position essentiellement fausse, et la partie de la collectivité qui a un intérêt tout vital à entendre les vérités qu'elle enseigne est effectivement prévenue contre elle et détournée de lui prêter l'oreille. Nous pensons donc que l'Economie politique n'est pas une matière d'une importance simplement théorique, mais de la plus haute portée pratique; et que le caractère strictement scientifique de cette étude mérite qu'on y insiste. C'est seulement lorsque nous l'aurons présentée sous ce jour que l'on comprendra sa vraie position dans ses rapports avec les réformes pratiques, et sa réelle et bienveillante portée pour tous les sorts et toutes les conditions des hommes; à cette même condition, nous pouvons espérer de triompher de ces préjugés profondément enracinés mais parfaitement naturels avec lesquels la regarde malheureusement une très nombreuse classe de la collectivité (1)... »

(1) *Essais d'Economie politique, théorique et appliquée,* pp. 252-262.

CONFÉRENCE II

1. — Dans notre dernière conférence nous avons
appelé l'attention sur la conception que se sont for-
mée les principaux écrivains sur l'Economie politique en Angleterre, et en particulier nous avons
saisi l'occasion de mettre en lumière la signification

des mots qui la décrivent comme la « Science de la richesse ». Au point que nous avons maintenant atteint, on peut entreprendre avec quelque succès de déterminer d'une manière un peu plus précise le caractère et le point de vue de cette science : il convient de considérer dans un examen tout particulier la position occupée par la spéculation économique dans ses rapports avec les deux parts de l'existence, la matière et l'esprit. Lorsque l'on regarde la question sous cet aspect, voici la théorie avancée par des hómmes d'une haute autorité :

1° Dans tous les rapports de l'homme avec la nature, que nous considérions l'homme ou comme exerçant une action sur elle, ou comme recevant d'elle des impressions, l'effet ou le phénomène dépend de causes de deux espèces : les propriétés de l'objet qui agit, et celles de l'objet qui a subi cette action. Toute chose qui peut vraisemblablement arriver, et où l'homme et les choses extérieures ont entre eux des liens étroits, résulte d'une opération conjointe de la loi ou des lois de la matière et de la loi ou des lois de l'esprit humain. Ainsi la production du blé par le travail humain est le résultat de la loi de l'esprit et de nombre de lois de la matière. Les lois de la matière sont les propriétés du sol et de la vie végétale qui font que la semence germe dans la terre, et les propriétés du corps humain qui rendent la nourriture nécessaire à son existence. La loi de l'esprit est que l'homme désire posséder la subsistance, et par suite il veut les moyens nécessaires de la procurer. Les lois de l'esprit et les lois de la matière sont si dissemblables dans leur nature que ce serait contraire à tous les principes d'un arrangement rationnel que de les confondre en les considérant comme une partie d'une même étude. Dans les méthodes scientifiques, elles sont donc placées à part. Pour d'aucuns, par une sorte de transaction, l'effet ou le phénomène qui dépend à la fois des propriétés de la matière et de celles de l'esprit peut ainsi devenir le sujet de deux sciences complètement distinctes, ou de deux branches de science : l'une traitant du phénomène en tant qu'il dépend des lois de la matière seulement, l'autre traitant de ce même phénomène en tant qu'il dépend des lois de l'esprit.

« Les sciences physiques sont celles qui traitent des lois de la matière et de tous les phénomènes complexes en tant qu'ils sont dans la dépendance des lois de la matière. Les sciences intellectuelles ou morales sont celles qui traitent des lois de l'âme, et de tous les phénomènes complexes, en tant qu'ils dépendent des lois de l'âme. La plupart des sciences morales présupposent la science physique : des sciences physiques présupposent la science morale. La raison en est évidente. Il y a beaucoup de phénomènes (un tremblement de terre, par exemple, ou les mouvements des planètes) qui dépendent des lois de la matière exclusivement, et n'ont rien en quoi que ce soit à faire avec les lois de l'âme. Nombre de sciences physiques peuvent être étudiées sans rapport avec l'âme, et comme si l'âme existait seulement pour recevoir la notion, et non comme une cause qui produit des effets. Mais il n'y a pas de phénomènes qui dépendent *exclusivement* des lois de l'âme; et même les phénomènes de l'âme elle-même sont dans la dépendance des lois physiologiques du corps. Toutes les sciences intellectuelles donc, sans en excepter la science pure de l'âme, doivent tenir compte d'une grande variété de vérités physiques; et (comme la science physique est communément et très justement étudiée la première) il est permis de dire qu'elle les présuppose, lorsqu'elle prend les phénomènes complexes là où la science physique les laisse.

« Maintenant voici, trouvera-t-on un exposé précis de la relation dans laquelle l'Economie politique se tient avec les sciences diverses qui sont tributaires des arts de la production.

« Les lois de la production des objets qui constituent la richesse sont la matière qui fait l'objet de l'Economie politique et de presque toutes les sciences physiques. Cependant telles de ces lois, étant purement des lois de la matière, appartiennent à la science physique, et à cette science exclusivement; telles d'entr'elles, étant des lois de l'âme humaine, et non d'autres, appartiennent à l'Economie politique, qui finalement totalise le résultat des deux combinées. » (1)

L'idée exposée ici a été acceptée par un autre auteur d'une haute autorité, M. Senior, qui, dans un article de l'*Edinburgh Review* (oct. 1848) commentait dans les termes suivants la citation précédente :

« La justesse de ces vues, pensons-nous, est évidente, et bien qu'elles soient maintenant pour la pre-

___

(1) *Essais sur quelques questions indécises en Economie politique*, par J. S. MILL, pp. 130-132.

mière fois formellement établies, elles peuvent être
en général perçues indistinctement, depuis qu'elles
sont généralement admises. L'économiste n'essaye
pas d'établir les lois de la mécanique et de la chimie
qui mettent la machine à vapeur en état d'accomplir
ses miracles. Il les néglige même comme lois de la
matière ; mais il explique, aussi pleinement que ses
connaissances le lui permettent, les motifs qui induisent le savant versé dans la mécanique à construire la machine à vapeur et mettent l'ouvrier à
même de la faire fonctionner. Il laisse au géologue
le soin d'expliquer les lois de la matière qui occa-
sionnent la formation du charbon ; au chimiste, de
distinguer ses éléments constitutifs ; à l'ingénieur,
de trouver les moyens par lesquels le minerai s'extrait ; à ceux qui professent dans nombre de centaines
d'arts différents, d'exposer les usages auxquels il peut
être appliqué. Ce qu'il se réserve à lui-même c'est
d'expliquer les lois de l'âme sous l'empire desquelles
le propriétaire du sol accorde un droit de puissance
sur la surface et un droit d'extraction sur le fonds ;
les lois par lesquelles le capitaliste emploie à enfon-
cer la sonde et à percer de galeries des fonds qu'il
pourrait consacrer à une jouissance personnelle et
immédiate ; les lois par lesquelles le mineur se pré-
munit contre les peines et les dangers d'un métier
plein de hasards et de fatigues ; et les lois, également
lois de l'âme, qui décident dans quelles proportions
le produit ou la valeur du produit est partagée entre
les trois classes par le concours desquelles il a été
obtenu. Quand il emploie pour prémisses, ainsi qu'il
lui arrive, des faits qui lui sont fournis par la

science physique, il ne doit pas autrement essayer de les expliquer. »

La conclusion du passage pris dans l'*Essai* de M. Mill, où il dit que l'Économie politique « en fin de compte totalise le résultat des deux lois combinées (lois de l'âme et de la matière) nous semble décrire en termes convenables la fonction de la science; mais elle n'est pas en harmonie avec la série des remarques qui la précèdent, puisqu'elle est pleinement en contradiction avec l'interprétation que M. Senior donne du passage. En écartant cette opinion, le résultat de l'exposition est que l'Économie politique appartient au groupe des sciences « qui traitent des lois de l'âme et de tous les phénomènes complexes, en tant qu'ils dépendent des lois de l'âme »; elle est donc exactement décrite comme une science « mentale » ou « morale »; tandis que sa relation avec le monde de la matière est d'un caractère différent et tout à fait moins intime, elle est à proprement parler mise à part du groupe des sciences physiques. Quant aux faits et aux lois de la nature matérielle, elle les prend comme accordés; mais les faits et les lois de l'âme, en tant qu'ils sont compris dans la production et la distribution de la richesse, constituent ses propres prémisses, lui fournissant les phénomènes dont elle « traite » et qu'elle « expose ». Tel est, à notre avis, le résultat que l'on peut clairement déduire des passages que nous avons cités; et en l'état de nos connaissances, la doctrine, telle que nous l'avons établie, a été généralement acceptée par les plus récents écrivains. Maintenant nous nous hasardons à différer de manière de voir et nous nous

écartons de cette idée du caractère de l'Economie politique. Il nous semble que les lois et les phénomènes
de la richesse qu'il appartient à cette science d'expliquer dépendent également des lois morales et des lois
physiques ; que l'Economie politique se tient dans
des rapports qui sont précisément les mêmes avec
la nature physique et la nature morale ; et que, si
elle doit être rangée dans l'une ou l'autre de ces divisions d'étude, elle a autant de titres pour être placée
dans l'une que dans l'autre.

Les expressions « physique » et « moral », telles
qu'on les a appliquées à la science, ont généralement
été employées pour désigner ces branches de connaissance qui comportent respectivement les phénomènes physiques et les phénomènes moraux comme
matière et comme sujet. Ainsi la Chimie est considérée comme une science physique, parce que le sujet
sur lequel les investigations de la chimie se poursuivent, c'est-à-dire les éléments matériels et leurs combinaisons, est physique. La Psychologie, d'autre part,
est une science morale ; la matière dont elle s'occupe
comprend les états et les sentiments moraux. Et de
même la fonction de la chimie consiste à observer et
à analyser les objets matériels en se proposant de découvrir les lois de leur constitution élémentaire, de
même la fonction de la psychologie consiste dans
l'état qu'elle fait, par le moyen de la réflexion sur ce
qui se passe dans son domaine ou paraît se passer
dans l'esprit des autres, pour affirmer les lois par
lesquelles les phénomènes de notre constitution morale se succèdent et se produisent l'un l'autre. Si
c'est là une exacte interprétation du principe suivant

lequel les désignations « moral » et « physique » sont appliquées aux sciences, il semble s'ensuivre que l'Économie politique ne trouve pas de place dans l'une ou l'autre de ces catégories. Ni la nature morale ni la nature physique ne forme la *matière et le sujet* des recherches de l'économiste. Il considère, cela est vrai, les phénomènes physiques comme il considère également les phénomènes moraux, mais dans aucun cas il ne les considère également comme des phénomènes qu'il appartient à l'Économie politique d'expliquer. La matière que cette science a pour objet est la richesse, et quoique la richesse consiste dans des objets matériels, ce n'est pas la richesse sous le rapport de l'existence matérielle de ces objets, mais c'est la richesse sous le rapport de leur aptitude à posséder une valeur, c'est-à-dire, sous le rapport de leur aptitude à posséder une qualité qui leur est attribuée par l'âme. La matière que l'Économie politique a prise comme objet n'est ainsi ni purement physique ni purement morale ; mais elle possède un caractère complexe, également dérivé des deux divisions de la nature, et les lois qui la régissent ne sont ni des lois physiques ni des lois morales quoiqu'elles soient dans la dépendance, nous le maintenons, dans la dépendance également des lois de la matière et de celles de l'âme.

Considérons, par exemple, les causes qui déterminent le taux des salaires. C'est là, on l'admettra pleinement, un problème économique. Il est évident que les objets que le travailleur reçoit sont des objets matériels, mais ces objets matériels sont revêtus par l'esprit d'un attribut particulier qui leur confère une valeur ; et c'est dans leur caractère complexe, comme objets physiques investis de l'attribut de la valeur, que l'économiste les considère. Le sujet donc du problème des salaires possède des qualités dérivées semblablement de la nature physique et de la nature morale ; en conséquence, s'il doit être désigné d'après la nature de son sujet, pour les mêmes causes il a ou il n'a pas de titre au caractère d'un problème physique ou moral.

Mais on dit que l'Économie politique considère le problème seulement en tant qu'il dépend de l'action de l'esprit humain. La nourriture et le vêtement que le travailleur consomme ont, sans doute, des propriétés physiques, comme le travailleur lui-même a aussi bien une nature physique et une nature morale, mais aux propriétés physiques, nous dit-on, l'économiste n'a rien à voir : il considère ces objets seulement en tant qu'ils possèdent de la valeur, et la valeur est une pure conception de l'esprit. Mais est-ce vrai ? L'économiste, par exemple M. Senior, dans le traité purement scientifique qu'il a écrit sur cette question, rejette-t-il entièrement en dehors de toute considération les propriétés physiques des objets que le travailleur consomme, ou les conditions physiologiques dont dépend l'accroissement de la population laborieuse ? Quelle est la solution du problème des salaires ? Les salaires, dira-t-on, dépendent de l'offre et de la demande, ou, d'une manière plus explicite, de la relation entre le montant du capital appliqué au payement des salaires et le nombre des travailleurs qui cherchent un emploi. Mais le montant du capital employé pour le payement des salaires dépend, entr'autres causes, de la productivité de l'industrie pour obtenir les biens que consomme le travailleur; cette circonstance dépend également des lois de la nature physique et des qualités morales que le travailleur apporte à sa tâche. Le nombre des travailleurs qui cherchent un emploi dépend encore, entr'autres causes, des lois de la population ; or celles-ci sont déterminées autant par les lois physiologiques du corps que par les lois psychologiques de l'âme, dont l'économiste prend une égale connaissance.

C'est ainsi qu'il apparaît que, de même que le sujet de l'Economie politique, c'est-à-dire la richesse, possède des qualités qui dérivent également du monde de la matière et de celui de l'âme, de même ses prémisses sont également tirées de ces divisions de la nature. Le dernier point est, en effet, admis par les autorités auxquelles nous nous sommes référés, qui, néanmoins, d'après ce que nous devons considérer comme une étrange inadvertance, représentent cette science comme si elle ne recherchait pas les lois de la richesse au delà de ses relations avec les lois de l'âme humaine.

La science de l'Economie politique est donc nommément dans une égale dépendance des lois du monde physique et de celles de l'âme humaine ; mais ce point sera peut être rendu plus clair si nous considérons qu'un changement dans le caractère des premières lois affectera les conclusions de cette science d'un changement dans celui des dernières lois. Les qualités physiques du sol, par exemple, dans la constitution présente de la nature, sont telles que, après qu'un certain quantum de culture a été donné à une superficie limitée, on n'obtient pas avec de nouveaux soins un rendement proportionnel. La preuve de ce fait est que, au lieu d'adapter la culture aux meilleurs sols, et de les forcer à rendre toute la quantité de nourriture que l'on peut en attendre, on a trouvé profitable d'avoir recours aux sols de qualité inférieure (1).

(1) Cette doctrine a été niée, et l'on a avancé de curieux arguments pour la réfuter. L'argument sur lequel ses adversaires ont le plus insisté, c'est la productivité supérieure de l'industrie agricole dans le Royaume-Uni *à présent*, comparée avec celle qui se remarque dans les premières périodes, nonobstant l'accroissement du capital qui est maintenant employé dans l'agriculture. Cet argument serait bon à quelque chose si toutes les autres conditions du problème étaient les mêmes, mais il est certain qu'elles ne sont pas les mêmes, et qu'elles diffèrent précisément dans un point qui est d'importance : l'habileté supérieure avec laquelle le capital et l'industrie sont maintenant employés. Aucun économiste, que nous sachions, n'a dit qu'en employant peu de capital et en déployant peu d'habileté dans l'exploitation de la terre, on dût s'attendre à plus de profits proportionnellement qu'avec plus de débours et plus d'adresse ; et c'est à cette seule assertion que l'argument en question s'applique.

Mais il est important de remarquer que l'effort pour combattre la doctrine en question par des données statistiques implique (comme il apparaîtra plus loin avec plus de clarté) une erreur totale de conception, à la fois du fait qui est l'objet de l'assertion et de l'*espèce* de preuve que la doctrine économique requiert. La doctrine contient, non pas une généralisation historique qu'il faut appuyer sur une évidence documentaire, mais une proposition relative à un fait physique existant qui, si elle est mise sérieusement en question, ne peut être déterminée d'une manière concluante que par une expérience actuelle sur le sol existant. Si quelqu'un nie le fait, il a, comme moyen aisé de réfutation, la ressource de l'expérience. Qu'il montre qu'il peut tirer d'une aire de sol une quantité requise de produit par le simple accroissement de la dépense, c'est-à-dire, qu'en quadruplant ou en décuplant la dépense, il peut obtenir un rendement quadruple ou décuple. Si l'on demande pourquoi ceux qui maintiennent l'affirmative de la doc-

Ce fait physique, comme tout économiste le connaît et comme on l'exposera à la prochaine occasion, conduit, à travers le jeu des désirs de l'homme poursuivant la richesse, au phénomène de la rente, à la baisse des profits à mesure que les sociétés progressent, et à un retard dans le progrès de la population. Si les faits étaient autres, si les propriétés physiques du sol étaient susceptibles d'admettre un accroisse-

trine n'établissent pas leur opinion par l'expérience actuelle, la réponse est que l'expérience leur est complètement fournie par tout fermier pratique ; et que le fait de la diminution dans la productivité du sol est prouvé par la conduite de ces fermiers qui préfèrent s'adonner à des sols inférieurs plutôt que de forcer des sols de meilleure qualité dont ils ne pourraient tirer de profit.

M. Carey, économiste américain, a essayé de contredire à ce raisonnement par l'objection suivante. La conduite des fermiers s'adonnant aux sols inférieurs après que les terres de meilleure qualité ont été toutes mises en culture, ne constitue pas plus une preuve que l'industrie appliquée aux sols supérieurs est devenue moins productive, que la conduite d'un filateur de coton construisant une seconde manufacture, lorsque sa première est pleine, n'est une preuve que l'industrie manufacturière tend à devenir moins productive à mesure que le capital et le travail s'accroissent dans les manufactures. C'est, en d'autres termes, dire que la raison pour laquelle les fermiers n'accroissent pas leurs dépenses sur les sols de qualité supérieure est, non pas qu'il n'y aurait pas de profit à le faire, mais que, pour la même raison qui limite le montant du capital et le nombre de mains employées dans un moulin à coton, nommément, les conditions de l'espace étant prises en ligne de compte, *il serait impossible de le faire*. Il n'est personne qui acceptant la théorie de la rente n'hésite à risquer une conclusion d'une telle doctrine. Quand quelque sage fermier du Royaume-Uni, ou de quelqu'autre quartier du monde civilisé, donnera la réponse que donne M. Carey « le manque de place » à la question « pourquoi ne donne-t-il pas un engrais plus épais, ou ne draine-t-il pas plus profondément, ou ne laboure-t-il pas plus fréquemment un champ donné ? », les disciples de Ricardo seront prêts à abandonner leur maître ; mais *jusqu'à* ce que ce spécimen d'exégèse bucolique se produise, ils conserveront probablement les idées qu'ils ont.

ment indéfini de produits dans une proportion constante avec les frais par le simple accroissement de ces frais ; si, par exemple, on trouvait qu'en doublant la quantité d'engrais sur une superficie donnée et en la labourant deux fois aussi souvent, un fermier pouvait obtenir un produit double, et par des frais quadruples un produit quadruple, et ainsi à l'*infini* ; s'il en était ainsi, la science de l'Economie politique telle qu'elle existe, serait aussi complètement révolutionnée que si la nature humaine elle-même était changée, que si la bienveillance, par exemple, avait acquis assez de force pour arrêter le développement de l'égoïsme et que les êtres humains fussent amenés à refuser de se prévaloir, aux dépens de leurs voisins, des avantages dont la nature et la fortune les ont par bonheur pourvus ; avec un tel changement dans les qualités physiques du sol, la rente disparaîtrait, les profits n'auraient plus une tendance permanente à baisser, et la population dans les contrées les plus anciennes pourrait avancer aussi rapidement que dans les colonies les plus nouvelles.

Nous sommes donc disposés à regarder l'Economie politique comme n'appartenant ni à la branche de la recherche scientifique ni à celle de la recherche morale, mais comme occupant une position intermédiaire, et comme capable d'être rapportée à la classe des études qui comprend les recherches historiques, politiques, et, en général, sociales. Cette classe nous apparaît être *sui generis*, elle a pour matière et objet les phénomènes complexes présentés par la concurrence des lois physiques, physiologiques et morales ; et elle a, pour fonction, de traiter de ces phénomènes dans leurs causes physiques, physiologiques et morales.

Ainsi, pour prendre un exemple tiré de l'Economie politique, la rente est un phénomène complexe : comme on l'a déjà démontré, la rente procède du jeu des intérêts humains, et des conditions physiques actuelles du sol où ces intérêts se débattent en tenant compte des rapports de ces conditions avec le caractère physiologique des productions végétales. Si ces conditions physiques étaient différentes, si le capital et le travail pouvaient s'appliquer à une portion limitée du sol sans diminution de gain, il suffirait de cultiver une petite portion de la meilleure terre de la contrée, et aucun fermier ne consentirait à payer une rente ; d'autre part, si le principe de l'intérêt personnel était absent, aucun propriétaire ne l'exigerait. Ces deux conditions sont indispensables, et également indispensables à l'existence de la rente ; elles sont les prémisses dont la théorie se déduit. C'est à l'économiste de prouver premièrement que les prémisses sont vraies en fait ; et secondement qu'elles expliquent le phénomène ; après cette démonstration et cette explication, son rôle est rempli. Il n'essaye pas d'expliquer les lois physiques dont dépendent les qualités du sol ; et il n'entreprend pas plus d'analyser dans les âmes du propriétaire et du fermier la nature des sentiments d'intérêt personnel qui règlent les conditions du marché. Il regarde les faits physiques et les faits moraux tous les deux comme des faits qu'il n'a ni à analyser, ni à exposer, mais à établir et à expliquer ; non comme la matière et l'objet, mais comme la base de ses raisonnements. Si l'on désire de plus amples informations, il faut recourir aux autres sciences : pour le fait physique, il a à sa disposition le chimiste et le naturaliste ; pour le fait moral, celui qui étudie la psychologie ou l'éthique.

D'après les considérations auxquelles nous sommes amenés, nous pouvons comprendre que ce sont là les limites propres de la recherche économique : à ce point, l'économiste, en rattachant les phénomènes de la richesse à leurs causes et à leurs lois, peut s'arrêter et considérer sa tâche comme remplie et son problème comme résolu. C'est précisément le point où, dans le cours de ses raisonnements, il se trouve lui-même en contact avec quelque phénomène qui *n'est pas* économique, avec quelque fait physique ou moral, avec quelque institution politique ou sociale. Aussitôt qu'il a rattaché les phénomènes de la richesse aux causes de cet ordre, il a atteint le but propre de ses recherches ; et de telles causes sont considérées comme « ultimes » dans leurs rapports avec la science économique. Ce n'est pas qu'elles ne puissent mériter et comporter plus d'analyse et une plus ample exposition, mais cette analyse et cette exposition ne sont pas l'affaire de l'économiste, ce n'est pas le problème spécial qu'il entreprend de résoudre (1).

Le rôle de l'Economie politique, tel qu'il vient d'être décrit, peut s'éclairer par le rôle de la géologie dans ses rapports avec la mécanique, la chimie et la physiologie. Les phénomènes complexes présentés par la constitution de la croûte de la terre forment la matière et l'objet de la science du géo-

(1) Appendice B.

logue : ils sont le résultat complexe des lois mécaniques, chimiques et physiologiques, et c'est l'affaire du géologue d'en rechercher les causes ; mais cette recherche faite, son travail comme géologue est à sa fin ; il n'appartient pas à la géologie de pousser plus loin la recherche, c'est affaire à la mécanique, à la chimie, à la physiologie.

2. Les prémisses ou les faits ultimes de l'Economie politique étant ainsi selon toute vraisemblance tirés du monde de la matière et du monde de l'âme, il reste à indiquer le caractère des faits physiques et moraux dont dérivent les conclusions de la science ; en d'autres termes, nous devons montrer dans quelle manière les faits qui appartiennent aux recherches économiques doivent être distingués de ceux qui ne leur appartiennent pas. La réponse à cette question doit être, en général, déterminée en considérant ce que la science se propose d'accomplir. C'est, comme vous en êtes avertis, la découverte des lois de la production et de la distribution de la richesse. Les faits donc qui constituent les prémisses de l'Economie politique sont ceux qui influent sur la production et la distribution de la richesse ; et afin que la science soit absolument parfaite, au point qu'un économiste puisse prédire le cours des phénomènes économiques avec la même assurance et la même certitude qu'un astronome prédit le cours des phénoménes célestes, il serait nécessaire que ces prémisses pussent comprendre tout fait, moral ou physique, qui influe sur les phénomènes de la richesse.

Il ne semble cependant pas possible que ce degré

de perfection doive être atteint. Dans l'Economie politique, comme dans toutes les branches de recherche qui comprennent dans leurs prémisses en même temps la nature physique et la nature morale de l'homme, les faits dont elle peut tenir compte sont si nombreux, leurs caractères si variés, et les lois de leur enchaînement si obscures, qu'il serait rarement possible de les établir tous, et encore moins de leur assigner à chacun une valeur exacte. Et même si c'était possible, la tâche de rattacher ces principes dans leurs conséquences, en attribuant à chacun sa véritable signification et rien de plus que sa véritable signification, présenterait un problème si complexe et si difficile qu'il défierait les forces des dialecticiens les plus accomplis.

Mais bien qu'il en soit ainsi, et bien que ni l'Economie politique, ni aucune science de la classe de recherches à laquelle elle appartient, ne puisse promettre d'atteindre cette perfection qui a été atteinte dans quelques-unes des sciences physiques les plus avancées, cependant il ne doit pas nous être défendu d'espérer que, en suivant dans nos recherches économiques la même route qui a été poursuivie avec un tel succès dans les sciences physiques, nous pouvons atteindre, sinon la perfection scientifique absolue, du moins la découverte de résultats solides et appréciables.

Les désirs, les passions, les inclinations qui influent sur le genre humain à la poursuite de la richesse sont, comme nous l'avons affirmé, presque infinis; il y a cependant dans ces sentiments des principes d'un caractère si marqué et si achevé qu'ils peuvent à la fois être susceptibles d'être prouvés et, une fois établis, d'apporter les données nécessaires les plus importantes pour déterminer les lois de la production et de la distribution de la richesse, dans la mesure où ces lois sont affectées par des causes morales. Se mettre en possession de ces lois c'est la première affaire de l'économiste ; il a alors à tenir compte des principaux faits physiologiques qui sont liés avec la nature humaine ; et, en dernier lieu, à affirmer les principaux caractères physiques des facteurs naturels de la production sur lesquels l'industrie humaine s'exerce. Ainsi il considérera, comme étant compris dans les principes moraux suprêmes auxquels nous avons fait allusion, le désir général du bien-être physique, le désir de la richesse ainsi que des moyens pour l'obtenir ; le pouvoir intellectuel de juger de l'efficacité des moyens propres à une fin, avec l'inclination pour atteindre nos fins par les moyens les plus aisés et les plus courts, faits moraux desquels résulte le désir d'obtenir la richesse par le plus faible sacrifice possible ; poursuivant plus loin son examen, il pèsera exactement ces inclinations, qui, dans leurs rapports avec les conditions physiologiques du genre humain, déterminent les lois de la population ; et, en dernier lieu, il fera entrer en ligne de compte les qualités physiques du sol, et des autres agents naturels où le travail et l'ingéniosité de l'homme trouvent leur emploi. Ces faits, soit moraux, soit physiques, il les considérera, comme nous l'avons déjà établi, non dans le dessein de les exposer, mais comme les données de son raisonnement, comme les causes dirigeantes qui affectent la production et la distribution de la richesse.

Mais on ne doit pas penser que, une fois ces faits fondamentaux affirmés, et une fois leurs conséquences dûment développées, les efforts de l'économiste sont arrivés à leur fin, même en supposant que dans son exposition il ait épuisé son sujet et que dans ses raisonnements il n'ait pas eu de défaillance. Quoique les conclusions ainsi obtenues en général correspondent avec le cours actuel des événements, il apparaîtra fréquemment de grandes et d'éblouissantes différences. Les données sur lesquelles ses spéculations ont été basées enferment, en effet, des causes importantes et dirigeantes qui règlent la production et la distribution de la richesse, mais elles ne renferment pas toutes les causes. Beaucoup d'influences subordonnées (subordonnées, voulons-nous dire, relativement aux fins de l'Economie politique) interviendront pour déranger, et par occasion pour renverser, l'opération des principes les plus puissants, et ainsi pour modifier les phénomènes qui en résultent. Le premier point sera donc dans ses investigations de s'efforcer autant que possible de rendre certain le caractère de ces causes subordonnées, soit physiques, soit morales, soit politiques, soit sociales, qui influent sur la conduite humaine à la poursuite de la richesse, et ces causes, une fois qu'il les aura trouvées et qu'il se sera rendu capable de les apprécier avec un soin suffisant, il les incorporera dans les prémisses de la science comme des données dont il aura à tenir compte dans ses futures spéculations.

Ainsi les institutions politiques et sociales d'un

pays, et en particulier, les lois qui affectent la tenure de la terre, seront comprises parmi ces conditions subordonnées ; et ce sera à l'économiste de montrer de quelle manière les causes de cette espèce modifient l'opération de principes plus fondamentaux relativement aux phénomènes qu'il appartient à la science d'examiner.

De plus, quelque grande invention dans les arts de la production, comme, par exemple, la machine à vapeur, sera pour l'économiste un fait nouveau à examiner ; ce sera à lui d'observer les effets de cette invention sur la productivité de l'industrie ou sur la distribution de ses produits ; il notera dans quelles limites et dans quelles directions elle agit pour déterminer les salaires, les profits, la rente, et pour modifier les conclusions auxquelles il aura pu être conduit par un raisonnement tiré de l'état de la production industrielle avant que cette invention ne se fût introduite. Il en sera de même que dans le cas où un astronome découvre une nouvelle planète : cette planète exerce sur tous les autres corps de la sphère, dans son influence, une attraction qui, plus ou moins, peut les faire dévier du sentier qui, dans les premières prévisions, leur avait été assigné. Une invention, c'est une nouvelle force que, dans un examen des tendances des phénomènes économiques, l'économiste comprendra dans ses prémisses comme une nouvelle donnée.

Dans le même ordre d'idées, ces motifs et ces principes d'action qui peuvent se développer dans le progrès de la société, autant que l'on peut en constater l'action sur les phénomènes de la richesse, devront également être rangés en ligne de compte par l'économiste. Il considérera, par exemple, l'influence de la coutume sur les modifications de la conduite de l'homme à la recherche de la richesse ; il considérera comment, dans les progrès de la civilisation, l'estimation de l'avenir au regard du présent a pris plus d'importance, comment le désir de la jouissance immédiate est contrôlé par l'efficacité croissante d'une prudente épargne ; il observera également comment les idées de décence, de comfort, de luxe se développent à proportion du progrès de la société, modifiant la force naturelle des principes de la population, influençant le mode de dépenses dans les différentes classes, et affectant par suite la distribution des produits industriels.

Quelquefois voici une question qui se pose : jusqu'où les considérations morales et religieuses pourraient-elles s'admettre dans les investigations de l'Economie politique (1). La doctrine que nous entreprenons d'exposer ici nous met en état d'apporter une réponse. Les considérations morales et religieuses peuvent être rangées en ligne de compte par l'économiste, précisément dans la mesure où elles lui apparaissent capables en fait d'affecter la conduite des hommes lorsqu'ils se mettent à la poursuite de la richesse. En tant qu'elles agissent en cette manière, de telles considérations conviennent autant à ses recherches comme le désir du bien-être physique, ou la

___

(1) A distinguer d'une autre question avec laquelle elle est communément confondue, c'est-à-dire jusqu'où les considérations économiques pourraient être subordonnées aux considérations morales dans l'art du gouvernement ?

propension dans les êtres humains à reproduire leur espèce ; seulement elles sont moins importantes comme prémisses de la science que les derniers principes étudiés, parce qu'elles ont beaucoup moins d'influence au point de vue des phénomènes qui constituent la matière et le sujet de ses recherches.

Comme nous l'avons déjà remarqué, il est rarement possible que toutes ces circonstances soient rendues certaines ou appréciées avec soin : mais il semble tout à fait possible que quelques-unes des plus importantes puissent, si l'on y apporte du moins assez de soin, acquérir la valeur de données qui servent à des déductions ultérieures, et avoir un titre suffisant pour prendre place parmi les prémisses de la science. En proportion avec ce qui a été fait, en proportion avec les compléments apportés à ses prémisses, et avec l'habileté avec laquelle on raisonne, la science de l'Économie politique pourra approcher de cette perfection qui a été atteinte dans d'autres branches de la connaissance : au même degré, ses conclusions pourront correspondre avec les événements actuels, et ses doctrines deviendront des guides sains et dignes de foi pour les hommes d'État et les philanthropes.

3. — Après avoir considéré le caractère et les limites de l'Économie politique, nous terminerons cette conférence en attirant brièvement l'attention sur un point. Il n'est pas, comme il pourrait sembler à première vue, d'une importance purement théorique : c'est un point sur lequel de hautes autorités ont des divergences de vues. Nous faisons allusion

à la question de savoir si l'Economie politique est une science positive ou hypothétique.

Il n'apparaît pas que la signification des termes « positif » et « hypothétique », comme l'on a l'habitude de dire dans cette controverse, ait été donnée en termes précis ; et nous sommes disposés à penser que la différence d'opinions qui prévaut, peut, en grande partie, se résoudre en une ambiguité de langage. Considérons donc ce que l'on comprendra par ces termes « positive » et « hypothétique » quand ils seront appliqués à la science.

En premier lieu, nous pouvons décrire une science comme « positive » ou « hypothétique » relativement au caractère de ses prémisses. C'est dans ce sens que nous parlons des mathématiques comme d'une science hypothétique, ses prémisses étant des conceptions arbitraires de l'esprit, qui n'ont rien de correspondant dans le monde de l'existence réelle ; et c'est dans ce sens que nous les distinguons des sciences physiques positives, puisque leurs prémisses reposent sur les faits existants de la nature. Mais « positive » et « hypothétique » peuvent également être usités dans leurs rapports avec les conclusions d'une science ; et dans ce sens toutes les sciences physiques qui ont fait assez de progrès pour admettre le raisonnement déductif, doivent être considérées comme hypothétiques, par opposition avec celles qui, moins avancées, étant encore dans la période purement inductive, expriment dans leurs conclusions des faits simplement observés et généralisés. Les conclusions, par exemple, d'un savant qui s'occupe de mécanique ou d'astronomie, quoique logiquement déduites de prémisses qui représentent des réalités concrètes, peuvent n'avoir rien exactement qui leur corresponde dans la nature. Le savant qui étudie la mécanique peut avoir négligé l'influence perturbatrice du frottement. L'astronome peut avoir été ignorant de l'histoire de quelque planète, dont la force d'attraction peut être un élément essentiel dans la solution du problème. Les conclusions de chacun donc, une fois appliquées aux faits, ne peuvent être réputées vraies que *dans l'absence de causes perturbatrices* : ce qui revient à dire dans d'autres termes qu'elles sont vraies dans l'*hypothèse* où les prémisses renferment toutes les causes qui affectent le résultat. La correspondance de telles déductions avec les faits peut, par rapport aux circonstances de chaque cas, impliquer quelque degré de probabilité ; cette probabilité proviendrait d'une présomption en faveur d'un résultat particulier à une probabilité qui dans ce cas se distingue rarement d'une certitude absolue. Ceci dépendra du degré de perfection que la science aura atteint ; mais quel que soit ce degré de perfection, d'après la nature limitée des facultés de l'homme, il ne peut jamais être sûr qu'il possède toutes les prémisses affectant le résultat, et il ne peut donc jamais être certain que ses conclusions représentent des réalités positives. Si l'on se place au point de vue des conclusions des sciences physiques où le raisonnement déductif s'emploie, de telles sciences doivent être regardées comme hypothétiques.

D'autre part, dans les sciences dont l'avancement n'est pas assez considérable pour admettre le raisonnement déductif, des lois telles que celles auxquelles

on est arrivé étant simplement des constatations généralisées, des phénomènes observés, ne représentent pas une vérité hypothétique mais positive. Tels
sont les faits généralisés en géologie et dans beaucoup de sciences naturelles.

Maintenant l'Economie politique semble à ce point
de vue pleinement appartenir à la même classe de
sciences que la mécanique, l'astronomie, l'optique, la
chimie, l'électricité et en général, toutes les sciences
physiques qui ont atteint la période de la déduction.

Ses prémisses ne sont pas des fantaisies arbitraires
de l'esprit, formées sans rapports avec l'existence con-
crète comme celles des mathématiques ; et ses conclusions ne sont pas les constatations généralisées de
phénomènes observés, comme celles des sciences naturelles purement inductives, mais comme la mécanique ou l'astronomie ; ses prémisses représentent
des faits positifs, tandis que ses conclusions, comme
celles de ces sciences, peuvent correspondre ou
peuvent ne pas correspondre aux réalités de la
nature extérieure, et doivent donc être considérées
comme représentant seulement la vérité hypothétique.

Il est positivement vrai, par exemple, d'avancer cette
assertion que les hommes désirent la richesse, qu'ils
la cherchent, selon leurs lumières, avec les moyens
les plus aisés et les plus courts par lesquels ils at-
teindront leurs fins, et qu'en conséquence, ils désirent obtenir la richesse avec la moindre dépense
de travail possible ; et c'est une déduction logique de
ce principe que, là où une liberté parfaite d'action
est permise, les travailleurs chercheront des emplois,

et les capitalistes des modes de placer leur capital, dans lesquels, *toutes choses étant égales d'ailleurs,* les salaires et les profits seront les plus élevés. C'est en outre une conséquence de ce principe que, le taux du profit et le taux des salaires sur tout le monde entier ne sera partout pas le même, mais qu'il se tiendra ou tendra à se tenir, dans les mêmes rapports avec les sacrifices actuellement subis par ceux qui reçoivent ces deux genres de rémunération. On est cependant si éloigné de ce cas, qu'il y a à peine deux contrées dans lesquelles les salaires et les profits ne soient pas d'une manière permanente différents : nous voulons dire le taux moyen de chacun. Le travailleur français se contentera du taux de salaires qui prévaut en France, plutôt que de traverser l'Atlantique pour gagner une rémunération double. Le capitaliste anglais préférera huit ou dix pour cent de profit dans une société anglaise à des revenus quadruples en Californie ou en Australie. La même inégalité que nous trouvons dans les taux moyens des salaires et des profits qui sont en vigueur dans les différentes contrées, nous les trouvons également à un degré moindre dans les différents départements de la production industrielle dans la même contrée. Ce qui dans le premier cas se fait par amour du sol natal pour contenir le simple désir de la richesse et l'aversion du travail et pour modifier les phénomènes qui en résultent, se fait dans le dernier cas par une ignorance et une pauvreté des classes populaires qui les rendent incapables de rechercher des emplois plus lucratifs, et par des opinions et des préjugés sur le crédit ou sur la respectabilité qui s'attachent à des métiers ou à des emplois particuliers qui ont de l'importance dans une société civilisée.

Il est donc évident qu'un économiste, tirant argument des faits incontestables de la nature de l'homme, — le désir de la richesse et l'aversion du travail, — tout en déduisant ses arguments avec une exactitude rigoureuse et logique, peut cependant, s'il omet de tenir compte d'autres principes qui affectent également la question, être amené à des conclusions qui n'ont aucune ressemblance avec les faits réels. Or, il ne peut jamais être certain de ne pas omettre quelques circonstances essentielles, et, en fait, il est à peine possible de les connaître toutes ; il est donc évident que, comme pour les sciences physiques déductives auxquelles nous avons fait allusion, ses conclusions correspondront aux faits *seulement en l'absence de causes perturbatrices* ; en d'autres termes, cela revient à dire qu'elles ne représentent pas la vérité positive mais la vérité hypothétique (1).

(1) C'est en parfait accord avec cette proposition que se trouve Cherbuliez dans son admirable *Précis de la science économique*.

« Qu'est-ce qu'une vérité scientifique ? C'est l'expression d'une idée ou d'une loi générale, à laquelle notre intelligence arrive en partant de certaines données fournies par l'observation immédiate. Nous analysons un certain nombre de phénomènes pour en tirer ce qu'ils ont de commun ; puis nous raisonnons d'après ces résultats de l'analyse pour construire une théorie scientifique. Si nous avons bien observé, si notre raisonnement a été correct, la conséquence est aussi vraie que la donnée générale dont elle découle, mais elle ne peut l'être davantage, ni d'une autre manière. Or la donnée générale n'est pas une réalité ; elle n'est qu'une abstraction, au moins dans la plupart des cas. Pour l'obtenir, qu'avons-nous fait ? Nous avons dépouillé les

Il en résulte donc que l'économie politique, selon que nous la considérons dans ses rapports avec ses prémisses ou avec les doctrines qui en sont déduites, doit être regardée comme une science positive ou comme une science hypothétique. Il faut cependant remarquer que cette portion de la science qui représente la vérité positive — ses prémisses, c'est-à-dire les faits mentaux et physiques sur lesquels elle s'appuie — lui appartient en commun avec beaucoup d'autres sciences et d'autres arts. Tout ce qui est à proprement parler économie politique, c'est le système de doctrines qui a été ou qui peut être déduit de ces prémisses; et tout ceci représente, comme nous l'avons montré, la vérité hypothétique. Il nous semble donc que l'économie politique devrait être classée parmi les sciences hypothétiques.

Mais en décrivant ainsi l'économie politique, nous nous sommes hasardés jusqu'à nous écarter de la haute autorité de M. Senior. Nous vous lirons donc le passage dans lequel il expose les objections qu'il fait à ceux qui regardent l'Economie politique comme une science hypothétique.

« La méthode hypothétique nous semble se heurter à trois grandes objections. En premier lieu, elle

phénomènes réels de ce qui les rendait complexes et divers, pour ne voir que ce qu'ils avaient de commun. Le résultat de cette analyse peut donc fort bien ne représenter rien de réel, ne ressembler exactement à aucun des phénomènes complexes de la réalité. Dès lors la théorie, la loi que nous construisons d'après ce résultat, peut aussi ne se vérifier dans aucun des faits que nous venons s'accomplir sous nos yeux. Cette théorie, cette loi, ne sera pas moins une vérité scientifique. » T. I, pp. 10, 11.

est évidemment sans attrait. Personne ne prête à l'exposé de ce que pourrait être un état de choses soumis à des conditions données mais irréelles la même attention qu'à l'exposé de ce qui existe réellement.

« En second lieu, l'écrivain qui part de prémisses posées arbitrairement s'expose à oublier parfois qu'elles ne sont basées sur aucun fond réel, et il risque de raisonner sur elles comme si ces prémisses arbitraires étaient des propositions vraies. Telle a été la source de nombre d'erreurs dans Ricardo. Il supposait que le sol d'une contrée quelconque est susceptible de différents degrés de fertilité, et que la rente est la valeur de la différence entre la fertilité des meilleures terres et celle des pires qui sont mises en culture. Le reste du produit, il le partageait entre le profit et les salaires. Il supposait que les salaires s'élèvent naturellement et ni plus ni moins au montant des biens que la nature ou la coutume ont rendus nécessaires pour maintenir le travailleur et sa famille en santé et en force. Il supposait que, avec le progrès de la population et de la richesse, les mauvaises terres sont de plus en plus recherchées, et que le travail agricole devient alors à proportion de moins en moins productif ; et il en inférait que la part des produits du sol prise par le propriétaire et par le travailleur doit nécessairement s'accroître, et la part prise par le capitaliste constamment diminuer.

« C'est là une conclusion logique, et elle aurait été en conséquence vraie en fait, si les prémisses posées avaient été vraies. En réalité, presque toutes ces prémisses sont fausses. Il n'est pas vrai que la rente dépende de la différence de fertilité des différentes portions de terre mises en culture. Ce fait pourrait être vrai si tout le territoire d'un pays était de qualité uniforme. Il n'est pas vrai que le travailleur reçoive toujours précisément le nécessaire, ou même ce que la coutume le conduit à considérer comme le nécessaire de la vie. Dans les pays civilisés, il reçoit presque toujours beaucoup plus ; dans les pays barbares, de temps en temps il obtient moins. Il n'est pas vrai que, à mesure que la richesse et la population s'accroissent, le travail de la terre devient à proportion de moins en moins productif... M. Ricardo avait certainement le droit de poser ces prémisses, pourvu qu'il fût toujours sur ses gardes, et que toujours il eût présent à l'esprit que c'étaient là de simples hypothèses. Ce caractère de ses prémisses, cependant, cet auteur semble quelquefois ne pas le connaître, et quelquefois il l'oublie. Ainsi il donne comme un fait réel que dans un pays en progrès, la difficulté d'obtenir les matières premières s'accroît constamment. Il donne comme un fait réel que l'impôt sur les salaires ne tombe pas sur le travailleur, mais sur le capitaliste...

« Une troisième objection à l'emploi de la méthode hypothétique, c'est qu'elle expose soit aux inférences illogiques, soit à l'omission de quelques uns des éléments qui nécessairement rentrent dans le cas supposé. Quand un écrivain tire ses prémisses de l'observation et de la conscience et qu'il en infère ce qu'il suppose être des faits réels, s'il a commis quelque erreur grave, elles le conduisent généralement à des conclusions invraissemblables. Il est ainsi averti qu'il a probablement posé une prémisse non fondée ou tiré une conclusion illogique, et s'il est avisé, il recommence ses recherches jusqu'à ce qu'il ait découvert son erreur; mais l'étrangeté des réultats d'une hypothèse ne donne aucun avertissement. Nous nous attendons à ce que les résultats diffèrent de ce que nous observons dans la réalité, et nous perdons ainsi ces moyens occasionnels d'éprouver la rectitude de notre raisonnement. » (1)

Nous aurons probablement l'occasion de revenir plus loin en détail sur les critiques adressées à Ricardo. Pour le moment, nous dirons simplement qu'elles nous semblent n'avoir aucun fondement. Mais ce que nous voulons immédiatement remarquer, c'est que les objections faites par M. Senior à l'emploi de la méthode hypothétique en Economie politique, quelque poids qu'elles aient, ne s'appliquent pas au mode de procéder tel que nous venons de le décrire. D'après cette description, l'Economie politique a été représentée comme tirant ses prémisses de faits existants; c'était aux inférences tirées de ces prémisses seulement que le terme « hypothétique » était appliqué; mais comme ces inférences constituaient le tout de ce qui est proprement appelé l'Economie politique, nous pensions que l'Economie politique pouvait être considérée comme une science hypothétique. Mais c'est au caractère non des conclusions mais des prémisses que s'appliquent les objections de M. Senior.

« Un écrivain, dit-il, qui part de *prémisses posées arbitrairement* est en danger d'oublier qu'elles ne reposent sur aucun fondement réel ». « Personne ne prête à l'exposé de ce que pourrait être un état de choses soumis à des conditions *données mais non réelles*, la même attention qu'à l'exposé de ce qui a lieu réellement. » « L'étrangeté des résultats d'une hypothèse ne donne aucun avertissement. » Il est évident que ce ne sont pas là des objections à un système de doctrines qui est fondé, non sur des hypothèses, mais sur des faits.

Le langage de M. Senior semblerait en effet impliquer que, si les prémisses ont un fondement dans les faits existants, les conclusions logiquement déduites doivent représenter des phénomènes réels. Parlant du raisonnement de Ricardo, il dit : « C'était une conclusion logique, et elle aurait été *en conséquence* vraie en fait, si les prémisses posées avaient été vraies. » Mais il est certainement possible que les prémisses soient vraies, et cependant incomplètes, — vraies autant que les faits dont elles affirment l'existence, sans comprendre cependant toutes les conditions qui affectent le cours réel des événements. Les lois du mouvement et de la pesanteur ne sont pas des présomptions arbitraires, mais elles ont un réel fondement dans la nature ; et c'est une déduction strictement logique de ces lois, que la trajectoire d'un projectile est représentée par une parabole. Cependant, en fait, aucun projectile ne suit exactement ce parcours : le frottement de l'air, qui n'était pas compris dans les prémisses, intervient pour troubler l'action des autres principes. De la même manière (comme nous l'avons déjà montré par plusieurs exemples, et comme il apparaîtra mieux encore dans la suite), les doctrines de l'Economie politique, quoique basées sur des faits indubitables de la nature humaine et du monde extérieur, ne représentent pas nécessairement, et ne représentent d'une façon presque jamais précise, des faits existants. En réalité, M. Senior, dans un autre passage, admet pleinement ceci : « Assurément, dit-il, du fait qu'en agissant d'une certaine manière, un ouvrier peut obtenir de plus hauts salaires, un capitaliste de plus larges profits, ou un propriétaire une rente plus haute, nous ne sommes pas à même d'inférer cet autre fait, qu'ils agiront certainement de cette manière ; mais nous serons à même de conclure qu'ils feront ainsi en *l'absence de causes perturbatrices* ». Ceci nous accorde tout ce que nous soutenons, à savoir que les conclusions de l'Economie politique ne représentent pas nécessairement des événements réels. Les faits ainsi acceptés, la question se réduit à une question de mots, à savoir si une science, dont les doctrines correspondent à des réalités extérieures seulement « en l'absence de causes perturbatrices », est véritablement une science positive ou une science hypothétique. Il nous semble qu'une proposition ne peut pas rigoureusement prétendre représenter la « vérité positive » lorsqu'elle ne correspond aux faits que dans le cas où aucune cause perturbatrice n'intervient, — cette condition, ajoutons-le, ne se réalisant que fort rarement. Nous ne pensons pas qu'on écarterait toute objection, quand bien même, comme M. Senior le remarque ensuite, il serait « fréquemment » possible « d'établir les cas dans lesquels on peut s'attendre à l'existence de ces causes, et la force avec laquelle elles doivent vraisemblablement agir ». D'autre part, comme nous l'avons déjà admis, si cette qualification de science positive se rapporte non pas à ce que sont véritablement les doctrines de l'Economie politique, mais aux fondements sur lesquels ces doctrines sont construites, l'Economie politique a autant de titre à être considérée comme une « science positive » qu'aucune des sciences physiques auxquelles ce nom est communément appliqué.

Ce point cependant, comme nous l'avons dit, n'est qu'une question de mots, et comme tel il est de peu d'importance, pourvu que le caractère réel des principes en question soit bien présent à l'esprit. Ce caractère, comme nous avons essayé de l'établir, est identique à celui des principes physiques qui se déduisent des lois de la gravitation et du mouvement ; comme celles-ci, les doctrines de l'Economie politique doivent être considéréés comme exprimant, non ce qui *aura* lieu, mais ce qui *aurait* lieu ou ce qui *tend* à avoir lieu, et dans ce sens seulement elles sont vraies (1). Si admettre cette proposition

(1) « Ce serait avec aussi peu de fondement et aussi peu de succès que vous attaqueriez la théorie du libre-échange en alléguant que certains pays ont atteint, sous un régime de restrictions et d'entraves, un très haut degré de prospérité, tandis que d'autres pays, qui jouissaient d'une liberté de commerce comparativement fort grande, sont restés en arrière des premiers dans leur développement économique. On vous répondrait que la prospérité économique est le résultat complexe de plusieurs causes, parmi lesquelles il peut y en avoir de plus puissantes que la liberté. La théorie que vous attaquez n'est point formulée en ces termes, que

constitue une objection à l'économie politique (1),
c'est également une objection à l'astronomie, à la

*le développement économique des sociétés est proportionnel au degré
de liberté dont elles procèdent ;* mais dans ceux-ci : *que la liberté
du commerce est plus favorable à ce développement que les restrictions et les entraves;* vérité contre laquelle votre objection ne
saurait avoir aucune force, puisque les faits allégués ne lui sont
nullement contraires. Ces faits prouvent seulement que le développement économique est un phénomène complexe, et que, chez
les nations signalées par vous comme fournissant une preuve de
l'inefficacité du libre-échange, l'action de ce principe a été neutralisée par d'autres causes, telles que la situation géographique,
ou l'insécurité résultant de mauvaises lois, qui ont agi en sens
opposé. » *Précis de la science économique*, t. I, pp. 13, 14.

(1) M. Jennings (*Eléments naturels d'Economie politique*, p. 14)
expose la défense de la doctrine économique avec l'élégance suivante :

« L'élève hésitant est maintenant congédié avec l'assurance
que les principes de l'Economie politique qui lui ont été ensei-
gnés, s'ils ne sont pas vrais, *ont une tendance* à être vrais ; que
s'ils se trouvent imparfaits dans l'*abstrait* (*quære*, concret?) ils
sont parfaits dans le *concret* (*quære*, abstrait?), et que l'on doit
faire une concession pour l'influence des causes perturbatrices. »

Nous ne croyons pas que l'on doive faire une plus ample réponse à cette opinion que celle qui a été donnée dans le texte,
à savoir que, quelle que soit la valeur de l'objection, elle s'applique
avec une égale force à toutes les sciences que ce soit qui ont atteint
la phase de la déduction. Une loi mécanique n'est vraie dans
aucun autre sens que dans celui où elle exprime une tendance.
Si le résultat dans un cas donné est tel que la loi affirme qu'il
dépendra, quelle que soit la branche de spéculation, de la question de savoir si le nécessaire *ceteris paribus*, impliqué dans la
proposition, est réalisé. Nous demandons si la raison que l'attention a été attirée vers l'influence des causes perturbatrices
dans le domaine politique et moral plus que dans les sciences
physiques est suffisamment évidente. Dans les sciences physiques qui sont des sciences d'observation, comme l'astronomie,
les principes sont rares en nombre et parfaitement définis en
caractère ; tandis que dans les sciences physiques, par exemple la
chimie, dans lesquelles les principes sont plus nombreux et complexes, nous pouvons profiter de l'expérience. Dans le premier
cas, toutes, ou presque toutes les causes influant sur le résultat
sont connues, et leur effet peut être calculé ; dans le dernier tout

mécanique, et à toutes les sciences physiques qui combinent la déduction avec l'induction (1).

Et maintenant nous sommes en état d'essayer de donner une définition de l'Economie politique, que nous définirions dans l'une ou l'autre des formes suivantes : la science, qui, acceptant comme faits ultimes les principes de la nature humaine et les lois physiques du monde extérieur, aussi bien que les conditions politiques et sociales des différentes communautés humaines, recherche les lois de la production et de la distribution des richesses qui résultent de leur action combinée; ou bien : la science qui expose les phénomènes de la production et de la distribution des richesses en remontant à leurs causes, aux principes de la nature humaine et aux lois des événements physiques, politiques et sociaux du monde extérieur.

ce qui n'est pas requis peut être éliminé. Mais dans les sciences morales et politiques, où nous avons affaire aux passions et aux intérêts humains, les agents opérant en un temps donné, en une société donnée, sont nombreux, alors que privés dans ce cas de l'expérience, nous sommes incapables de préparer d'avance les conditions en vue de conserver le nécessaire *ceteris paribus.*

(1) Voyez le *Système de logique* de STUART MILL, Livre III, ch. x, § 5.

CONFÉRENCE III

LA MÉTHODE LOGIQUE DE L'ÉCONOMIE POLITIQUE

1. — Opinion courante sur l'investigation économique conduite
d'après la « méthode inductive ».
Latitude du sens donné à l'expression « méthode inductive » par les écrivains faisant autorité.
Examen de la doctrine que l'induction, au sens strict du
mot, est la vraie voie des recherches économiques.
2. — Position logique de celui qui observe l'univers physique au
début des recherches physiques.
La méthode de l'induction (en tant qu'on la distingue de
la déduction) est impérative à cette période.
Raison de ce fait.
3. — Cette raison n'est pas valable pour l'investigation économique, parce que les principes ultimes de l'Economie
politique, étant les conclusions et les phénomènes immédiats des autres branches de la connaissance,
admettent la preuve directe.
4. — L'économiste ne peut recourir à l'expérience, mais il a à
sa disposition un substitut inférieur.
Place de l'hypothèse dans le raisonnement économique.
Usage que Ricardo fait de ce moyen.
Place de l'hypothèse dans l'investigation physique.
5. — Place de la statistique dans le raisonnement économique.
A aucun point de vue elle n'est différente de celle qu'elle
occupe pour d'autres sciences qui, comme l'Economie
politique, ont atteint la phase de la déduction.

En parlant à l'ouverture de ce cours, des différences d'opinions existant maintenant sur les prin-

cipes fondamentaux de l'Economie politique, nous
avons établi que, pour nous, ces différences pouvaient principalement remonter à la méthode moins
rigoureuse et toute vulgaire selon laquelle on a,
dans ces dernières années, par une sorte de mode,
traité les questions économiques, et nous avons établi en outre que ce changement dans le caractère
des discussions économiques pouvait, à notre avis,
généralement remonter aux succès pratiques des
principes économiques dans l'expérience du libre-
échange — succès qui, en attirant une nouvelle
classe d'adhérents à la cause de l'Economie politique,
fournissaient également à ses avocats une nouvelle
série d'arguments.

La méthode que nous poursuivons en des recherches quelconques doit être déterminée par la
nature et les objets de ces recherches. Nous avons
été ainsi conduits dans nos premières conférences
à considérer la nature et les objets de l'Economie
politique. Dans la présente conférence et dans les
suivantes nous discuterons la méthode que, eu égard
au but que l'Economie politique se propose de remplir, il convient de suivre dans ses investigations.

Rappelons brièvement la définition que nous
avons donnée de la nature et des objets de l'Economie politique. Vous vous rappellez que nous avons
défini l'Economie politique : la science qui recherche les lois de la production et de la distribution de la richesse qui résultent des principes de la nature humaine agissant dans les
circonstances réelles du monde extérieur. Nous
avons également établi que ces principes moraux

et ces conditions physiques sont pris par l'économiste comme faits ultimes, comme les prémisses de ses raisonnements ; il n'a pas à retracer au delà les causes des phénomènes de la richesse. Nous considérions enfin la nature de ces faits ultimes, physiques et moraux, et nous trouvions que, bien qu'assez nombreux pour défier toute distinction spécifique, il y en a encore cependant dont l'existence et le caractère sont aisés à affirmer; leur importance est telle dans leur relation avec la production et la distribution de la richesse qu'ils peuvent apporter une base solide et stable pour déduire les lois de ces phénomènes. Le plus important de ces principes moraux nous l'avons établi; c'est, en premier lieu, le désir du bien-être qui est implanté dans l'homme, le désir de la richesse comme moyen d'obtenir ce bien-être, et comme conséquence de ce fait, l'associant avec les autres attributs moraux, le désir d'obtenir la richesse avec le moindre sacrifice possible ; en second lieu, nous avons signalé les principes de la population comme dérivés du caractère physiologique de l'homme et de ses inclinations morales ; en troisième lieu, nous avons exposé les qualités physiques des agents naturels, plus spécialement de la terre sur laquelle s'applique l'industrie de l'homme. Nous avons également montré que les plus importants des principes subordonnés et des faits qui affectent la production et la distribution de la richesse et qui viennent modifier et parfois renverser l'action des principes tout à fait fondamentaux, sont également capables d'être constatés et appréciés avec une exactitude suffisante, du moins pour être pris en considération dans nos raisonnements, sinon pour être érigés en prémisses de la science : et de cette observation nous avons également donné quelques exemples.

Voilà le caractère de l'Economie politique. Ceci posé, nous avons à considérer par quels moyens la fin qu'elle se propose, c'est-à-dire la découverte des lois de la production et de la distribution de la richesse, peut être effectivement poursuivie. A la question que nous indiquons ici, la réponse la plus communément donnée par ceux qui s'occupent d'économie politique, c'est qu'il faut employer la méthode inductive ; mais ceci, sans plus d'explication que l'on n'en donne d'ordinaire, nous apporte peu d'aide pratique. Car que faut-il comprendre par « méthode inductive » ? Quels sont les procédés logiques que l'on a l'intention de comprendre dans cette expression ? C'est une question à laquelle peu de ceux qui parlent d'étudier l'Economie politique par la méthode inductive se sont donné la peine de trouver une réponse. Voici la vérité : l'expression « méthode inductive » est une de celles dont se servent dans les sens les plus variés même ceux qui écrivent sur la logique « inductive » ; cette latitude d'interprétation, il sera très nécessaire de l'éclaircir avant de déterminer si l'induction peut ou ne peut pas s'appliquer aux investigations économiques.

Dans son sens le plus restreint, et, pensons-nous, le plus propre, l'induction est définie par M. Mill, de la manière suivante : « Une opération de l'esprit par laquelle nous inférons que ce que nous connaissons être vrai dans un ou des cas particuliers sera vrai dans tous les cas qui ressemblent au dernier sous certains aspects caractéristiques. En d'autres termes, l'induction est le procédé par lequel nous concluons que ce qui est vrai de certains individus d'une classe est vrai de toute la classe, ou que ce qui est vrai de certains cas sera vrai dans de semblables circonstances pour tous les cas (1). » La caractéristique de l'induction, ainsi définie, c'est qu'elle comprend une marche ascendante du particulier au général, des faits individuels aux lois. Mais le mot est fréquemment employé, et par les écrivains d'autorité, dans un sens beaucoup plus large que celui-là. Par exemple, dans son *Histoire des sciences inductives*, le Dr Whewell, parle invariablement des lois de la nature, à la fois des lois ultimes et des lois secondaires, comme si elles étaient établies par l'induction, et comme si elles étaient des « inductions » : et pourtant d'après ce qu'il dit de leur découverte, il est évident qu'on y est aussi fréquemment arrivé en descendant par le raisonnement des principes généraux qu'en remontant par le raisonnement des faits particuliers. Sir John Herschell également n'use pas moins fréquemment du mot pris dans cette même extension, comme s'il embrassait tous les procédés spéciaux par lesquels, de quelque nature qu'ils soient, les vérités des sciences physiques sont établies (2). Et M. Mill, en parlant de la logique inductive, la décrit comme si elle ne

(1) *Système de Logique*, liv. III, ch. ii, § 1.
(2) *Discours préliminaire sur la philosophie naturelle.*

comprenait pas simplement la question « comment établit-on les lois de la nature », mais aussi « comment, après les avoir établies, les suit-on dans leurs résultats ? » Tel étant le sens large dans lequel le mot « induction » a été employé par des écrivains faisant autorité, il est évident que, ainsi compris, la méthode inductive ne peut pas proprement être opposée à la méthode déductive, puisqu'elle comprend dans ses procédés ce dernier mode de raisonnement. L'antithèse propre à l'induction, dans cette plus large interprétation du mot, serait non pas la déduction, mais plutôt cette méthode de spéculation connue sous le nom de « métaphysique » ; en obéissant à cette méthode, l'investigateur, dédaignant d'être guidé par l'expérience, vise à atteindre la nature dans ses phénomènes transcendants par l'aide des intuitions, réelles ou supposées, de l'esprit humain. Si ce dernier mode de raisonnement a été suivi dans la spéculation économique, il a été, depuis longtemps du moins, mis de côté par tous les écrivains de quelque autorité (à l'exception peut-être de M. Ruskin) ; ainsi donc la vraie question à résoudre, en ce qui regarde la méthode logique propre à l'Economie politique, n'est pas de savoir si les investigations économiques comportent l'emploi de la méthode inductive telle qu'elle a été comprise [par quelques écrivains comme Herschell et Whewell, — nous pouvons supposer qu'on l'admet généralement — mais le véritable problème est de savoir l'emploi que l'on peut faire des différents procédés compris dans cette expression compréhensive ; en d'autres termes, il s'agit de rechercher la place, l'ordre et l'importance que l'induction (dans l'interprétation la plus étroite du terme), la déduction, la preuve, l'observation, tion, l'expérience doivent tenir dans la recherche économique.

La question étant réduite à ces termes, la réponse d'un assez grand nombre de gens serait encore, craignons-nous, que l'induction (dans son sens le plus étroit, en tant qu'elle se distingue de la déduction), combinée avec l'observation et l'expérience, constitue la véritable méthode de la recherche économique. L'homme d'études, de ce point de vue, doit commencer par recueillir et classer les phénomènes de la richesse, les prix, les salaires, les rentes, les profits, les exportations, les importations, l'accroissement et le déclin de la production, les changements dans les modes de distribution, en un mot, aussi loin qu'ils comportent une détermination, tous les faits de la richesse tels qu'ils se présentent dans les différents pays ; et, après ce travail, il devrait se servir des résultats ainsi obtenus comme de données par lesquelles il s'élèverait, par inférence directe ou indirecte, aux causes et aux lois qui les gouvernent. Maintenant, pour percevoir l'extrême futilité, l'impuissance fatale d'un tel procédé comme moyen de résoudre les problèmes économiques, on n'a qu'à considérer quelle est la nature de ces problèmes. Les phénomènes de la richesse, tels qu'ils se présentent à notre observation, sont parmi les plus compliqués de ceux dont s'occupe la recherche spéculative. Ils sont le résultat d'une grande variété d'influences, toutes opérant simultanément, se renforçant, se contrariant et dans diverses manières se modifiant l'une l'autre. Considérez par exemple le nombre des influences qui servent à déterminer un phénomène aussi simple que le prix de vente d'un produit, le grand nombre et la variété des conditions comprises dans l'expression la « demande » de ce produit, les circonstances non moins nombreuses et variées dont l' « offre » dépend ; un changement quelconque dans l'un quelconque de ces phénomènes, s'il n'est pas accompagné par un changement compensateur dans quelques-unes des autres conditions, doit amener un changement dans le phénomène en question. Or, quand ce haut degré de complexité caractérise des phénomènes, quand ils sont susceptibles d'être influencés par une multiplicité de causes toutes en action en même temps, afin d'établir inductivement, c'est-à-dire par des arguments partant de faits particuliers, la connection de tels phénomènes avec leurs causes et leurs lois, il est une condition tout à fait indispensable : il faut pouvoir se servir de l'expérimentation dans le sens rigoureusement scientifique de ce mot (1). Mais c'est une ressource qui fait absolument défaut à l'homme qui étudie les problèmes sociaux ou économiques. Si l'on en doute, on n'a qu'à considérer ce qu'une expérience, qu'on accepterait dans la science physique comme une raison suffisante pour une solide induction, implique réellement ; elle implique la possibilité de trouver ou de produire un arrangement de conditions connues comme le milieu dans lequel l'expérience s'accomplit, et qui demeurera

---

(1) Voyez *Logique* de Mill, liv. III, c. i.

constant pendant son accomplissement. Un chimiste, par exemple, cherchant à découvrir le caractère d'une nouvelle substance, place cette substance sous la cloche d'une pompe pneumatique ou dans une solution soigneusement préparée dont tous les éléments constitutifs lui sont exactement connus ; et il soumet cette substance, dans ces circonstances, à des influences certaines, — par exemple à des changements de la température, à l'action galvanique ou électrique. Après avoir pris ces précautions, il a le droit d'attribuer les changements qui en résultent aux causes dont il a suscité l'action ; et le mode selon lequel la substance donnée peut être affectée par les agents mis en action est vérifié. Là où on peut procéder ainsi, et cela est possible généralement dans le domaine des recherches physiques, « la pluralité des causes » et « l'entremêlement de leurs effets » n'offrent pas d'obstacle insurmontable à l'interprétation de la nature par l'induction proprement dite ; c'est en effet par cette méthode qu'ont eu lieu nombre de découvertes de la plus haute importance dans les sciences physiques (1). Mais nous avons à peine besoin de le dire, l'économie politique est nécessairement exclue de tout ce qui, même de loin, pourrait être équivalent ou comparable à ce procédé. Le sujet, la matière de ses recherches, ce sont les êtres humains et leurs in-

(1) C'est-à-dire, les découvertes des lois *ultimes*. Comme M. Mill l'a montré, la loi des effets complexes n'est pas compatible avec la méthode de simple induction, même quand on peut faire l'expérience dans les conditions les plus rigides. *Logique*, liv. III, ch. x et xi.

térêts, et dans ces conditions elle n'a pas le pouvoir
d'employer des procédés arbitraires comme on le fait
en d'autres matières. Il doit prendre les faits économiques comme ils se présentent à lui dans le monde,
dans leur complexité et dans leur variété toujours
changeante ; mais s'il s'écarte des faits tels qu'ils se
présentent, au point de s'engager dans un autre sentier que celui d'une stricte induction, il pourrait raisonner jusqu'au jour du jugement dernier sans arriver à une conclusion de la plus légère valeur.
S'avancer en partant de telles données au-delà de généralisations empiriques les plus simples, c'est de
toute impossibilité. Ni la vérité économique, ni la vérité sociale méritant le nom de scientifique n'ont été
découvertes par de tels moyens, et l'on peut en toute
sécurité affirmer qu'on n'en établira jamais aucune.
Ce qui conduit les gens à imaginer le contraire, c'est
que, dans leurs raisonnements sur les faits politiques et sociaux, ils ont constamment l'habitude de
combiner, avec leur connaissance des phénomènes,
des motifs et des principes de conduite si familiers
qu'ils n'ont pas la notion de s'en servir dans leur
argumentation : en d'autres termes, ils employent
d'une manière tout à fait inconsciente leur connaissance de la nature humaine ou des conditions
physiques ou politiques, comme un guide de leur
interprétation des faits qui leur sont fournis par les
statisticiens, et par ce moyen, sans doute, ils arrivent parfois à des conclusions plus ou moins importantes, mais alors ce n'est pas raisonner inductivement dans le sens strict de cette expression, mais
autant que le raisonnement comporte l'analyse lo-

gique, c'est combiner les deux procédés de l'induction et de la déduction. Il arrive ainsi, cependant, que la partie déductive de l'opération, reposant comme elle le fait sur des assertions familières dont aucune preuve n'est donnée ou nécessaire, échappe à l'attention, tandis que la partie inductive, qui généralement porte sur des faits nouveaux et peut-être frappants, arrête fortement l'attention ; et ainsi on arrive à croire que le raisonnement purement inductif suffit pour établir des vérités qui sont réellement atteintes par une voie très différente.

« L'opinion vulgaire, dit M. Mill, que les bonnes méthodes d'investigation dans les matières politiques sont celles de l'induction Baconienne, que le vrai guide en ces questions n'est pas le raisonnement, mais l'expérience spéciale, sera un jour citée comme un des signes les moins équivoques de l'abaissement des facultés spéculatives dans l'âge où elle a été accréditée. Rien de plus risible que ces sortes de parodies du raisonnement expérimental qu'on trouve journellement, non pas seulement dans les discussions familières, mais dans de graves traités, sur les questions relatives aux choses publiques. « Comment, demande-t-on, une institution pourrait-elle être mauvaise, quand sous elle le pays a prospéré? » « Comment telles ou telles causes auraient-elles contribué à la prospérité d'un pays quand un autre pays a également prospéré sans ces causes! » Quiconque emploie des arguments de ce genre et de bonne foi, on devrait l'envoyer apprendre les éléments de quelqu'une des sciences physiques les plus faciles. Ces raisonneurs ignorent le fait de la pluralité des causes dans le cas même qui en offre l'exemple le plus signalé. Il est si peu permis, en ces matières, de conclure d'après la comparaison possible de ces cas particuliers, que même l'impossibilité des expériences artificielles dans l'étude des phénomènes sociaux, — circonstance si préjudiciable à la recherche inductive directe, — est ici à peine regrettable. Car pût-on même expérimenter sur une nation ou sur toute la race humaine, avec aussi peu de scrupule que Majendie expérimentait sur les chiens et les lapins, on ne réussirait jamais à produire deux cas ne différant absolument en rien si ce n'est par la présence ou l'absence de quelque circonstance bien définie. Ce qui ressemble le plus à une expérience, au sens philosophique du mot, dans les choses politiques, c'est l'introduction d'un nouvel élément actif dans les affaires publiques par une mesure de gouvernement spéciale, telle que la promulgation ou l'abrogation d'une loi particulière. Mais quand il y a en jeu tant d'influences, il faut du temps pour que l'influence d'une cause nouvelle sur les faits nationaux devienne apparente ; et comme les causes qui opèrent dans une si grande sphère, non seulement sont infiniment nombreuses, mais encore s'altèrent perpétuellement, il est certain qu'avant que l'effet de la nouvelle cause devienne assez manifeste pour être un sujet d'induction, un si grand nombre d'autres circonstances influentes auront changé que l'expérience sera nécessairement viciée (1). »

(1) *Système de Logique*, liv. III, ch. x, § 8 ; et voyez pour une plus ample discussion de la question, liv. VI, ch. vii, du même ouvrage.

Les considérations précédentes suffisent pour montrer toute l'insuffisance de la méthode inductive, dans le sens le plus étroit de l'expression, comme moyen de résoudre les problèmes dont l'Economie politique s'occupe : cette insuffisance provient de l'impossibilité d'employer l'expérimentation dans les recherches économiques dans les conditions rigoureuses qui sont indispensables pour asseoir solidement nos inductions. Mais si les études d'Economie politique et sociale sont généralement placées dans une situation désavantageuse, comparées aux branches variées des études physiques, d'autre part, comme nous allons maintenant le montrer, ces études jouissent, à leur tour, d'avantages qui leur sont particuliers ; ces avantages, si on les pèse exactement, peuvent peut-être entrer largement en considération pour redresser la balance.

2. — Essayons de nous représenter la position de celui qui étudie l'univers physique au début de ses recherches. Le trait le plus frappant serait la variété extraordinaire et la complexité des phénomènes qui se présenteraient à ses regards, en même temps que l'absence d'une claire notion des causes en œuvre ou des lois de leur mode d'action. Il se trouverait dans une grande perplexité, peut-être non sans plan, mais n'offrant à l'homme d'études aucun fil pour le débrouiller dans ses embarras inextricables. Il n'est pas étonnant qu'en présence d'un tel problème le penseur primitif ait désiré avec angoisse quelque principe qui comprenne et explique tout, et se soit efforcé en même temps et coûte que coûte de pour-

voir à ce besoin capital. « Car l'esprit humain, dit Bacon, se fatigue et s'épuise dans un étrange malaise, il ne peut demeurer en suspens, il lui faut obtenir quelque chose de fixe et d'immuable, sur quoi, comme sur un firmament, il puisse se reposer dans ses excursions et ses recherches (1) »; il lui faut quelque force dernière, quelque principe définitif et supérieur, obtenu par des déductions intellectuelles, d'où la lumière puisse se répandre parmi les éléments confus et discordants du monde. Ainsi, c'était vers quelque « Atlas de leurs pensées » que les efforts des premiers penseurs ne cessaient de se diriger. Et ils n'avaient pas tort d'attacher de l'importance à la possession d'une telle position; seulement, par malheur, ils se méprirent sur les moyens de se l'assurer, et au lieu de procéder par la sape et par la mine, ils s'efforcèrent d'enlever la place par *un coup de main*. Chaque penseur faisait une conjecture. Selon l'un, le principe ultime était l'eau; selon un autre, l'air; selon un troisième, le nombre; et le jeu se continua ainsi à travers les âges. A la fin la vérité commença à poindre : c'est que, comme notre connaissance des causes et des lois physiques, et même de leur existence, nous arrive exclusivement par l'observation de leurs effets physiques, c'est par le moyen de ces effets, par l'étude de leurs phénomènes physiques, qu'on peut approcher des premières, si on le peut de quelque façon. En d'autres termes, on commença à voir que la méthode inductive était la seule méthode convenable, en tout cas, au début de la recherche, pour une investigation physique. Cette

---

(1) *De Aug. Scient.* lib. V, c. iv.

vérité reconnue et mise en pratique à certains intervalles par un petit nombre de penseurs ici et là, fut, à la fin, proclamée par Bacon, dans un langage qui retint l'attention du monde scientifique : elle est devenue une portion de l'héritage de l'humanité. Mais le point à retenir ici, c'est que la nécessité de la méthode d'induction comme moyen d'arriver à des découvertes scientifiques dérive entièrement de ce fait que l'humanité n'a *aucune connaissance directe des principes physiques ultimes.* La loi de la gravitation et les lois du mouvement sont parmi les principes les mieux établis et les plus certains; mais quelle est la preuve sur laquelle ils reposent? Nous ne les trouvons pas dans notre conscience, en réfléchissant sur ce qui se passe dans notre esprit, et ils ne peuvent pas être rendus apparents à nos sens. Que chaque parcelle de matière dans l'univers gravite chacune par rapport au reste avec une force qui est directement proportionnelle à la masse et inversement proportionnelle au carré de la distance; ou que, un corps, une fois mis en mouvement, continue, s'il n'en est pas empêché par une force, son mouvement dans la même direction et avec toute sa vitesse, ce sont des propositions qui ne peuvent être établies que par un appel à l'intelligence, la preuve de telles lois se réduit en dernier lieu à ceci que, en admettant qu'elles existent, elles rendent compte des phénomènes. Elles ne sont pas la constatation tirée d'expériences réelles; mais, selon les expressions de M. H. Spencer, « ce sont des vérités tirées de nos expériences réelles, mais qui ne nous sont jamais présentées dans aucune de ces expériences ». « On a tiré, dit le D' Whewell, la règle abstraite en dehors de l'expérience quoique la règle fût, dans chaque cas, mêlée à des règles, et que chaque règle pût être tirée de l'expérience, en supposant seulement les autres règles connues (1). » Et ce qui est vrai des lois de la gravitation et du mouvement est vrai également de tous les principes ultimes de la connaissance physique. Ainsi, la théorie ondulatoire de la lumière, la théorie de la constitution moléculaire de la matière, la doctrine de la *force d'inertie*, toutes semblablement échappent à l'observation directe, et nous sont seulement connues par leurs effets physiques.

La méthode inductive donc, dans le sens le plus étroit de l'expression, formait la voie, nécessairement inévitable, par laquelle, eu égard à la limitation des facultés humaines, l'investigation physique était, au commencement de sa carrière, obligée de procéder. Nous disons, au début de sa carrière, parce que, aussitôt que quelques-unes des lois ultimes qui gouvernent les phénomènes physiques furent établies, un nouveau sentier, par lequel l'approche des problèmes physiques fut accessible, s'ouvrit. Le chercheur possédait, en toute sécurité, cet « Atlas pour ses pensées » que les premiers chercheurs avaient en vue ; et la méthode de déduction, incomparablement le plus puissant instrument de découverte qui ait été employé par l'intelligence, la méthode de déduction, si puissante quand elle est soumise au contrôle qui lui est propre, devenait maintenant possible. Voici ce que, à ce point de vue, nous trouvons dans l'histoire des plus importantes sciences phy-

____

(1) Whewell, *Histoire des sciences inductives*, v. II, p. 26.

siques : une longue période de recherche inductive, laborieuse, durant laquelle le sol est préparé et la semence confiée à la terre, se terminant à la fin par la découverte, le plus souvent faite presque en même temps par des chercheurs indépendants, d'une ou de plusieurs grandes vérités physiques ; puis une période de moisson, dans laquelle on recueille, par l'application du raisonnement déductif, les fruits de la grande découverte sous forme de nombreux principes intermédiaires reliant les principes supérieurs aux faits de l'expérience. Ainsi le progrès de la science mécanique fut lent, nonobstant ce qui avait été fait par Archimède et par les anciens, jusqu'à ce que les premiers principes dynamiques fussent établis par Galilée et ses contemporains ; mais ceux-ci une fois fermement saisis, et la méthode déductive une fois appliquée aux prémisses ainsi obtenues, une foule de découvertes sur les principes de la force, sur l'eau, sur l'air, toutes enveloppées dans les principes fondamentaux, en résultèrent dans une succession rapide (1). C'est ainsi que la plupart des principes moyens, les axiomes médiats des sciences physiques ont été obtenus. Mais ce n'est pas dans la découverte des axiomes médiats seulement que l'on a eu des exemples de la puissance du procédé déductif. En le combinant avec l'induction, il a fréquemment été le moyen par lequel les plus hautes généralisations physiques ont été atteintes. De ce fait, l'exemple le plus saillant est la loi de la gravitation elle-même. Newton y fut conduit, en effet, par la

(1) *Histoire des sciences inductives*, liv. VI, ch. III-VI.

voie de la déduction en partant des prémisses dynamiques que lui offraient les découvertes de Galilée.
En fait, le problème, tel qu'il se présenta à Newton,
avait revêtu presque la forme suivante : trouver une
force qui en connexité et en conformité avec les
lois du mouvement, produira les mouvements planétaires, déjà généralisés par Kepler (1). La loi de
la gravitation, en effet, éclaire la puissance de la méthode déductive dans un double sens. Elle en est, à
la fois, le fruit le plus riche et la source la plus fruc-
tueuse. Elle était, comme nous venons de le décla-
rer, une déduction des lois de la mécanique appliquée à l'interprétation des phénomènes des mouvements planétaires ; et une fois établie, elle devint le
grand principe fondamental duquel, toujours en
connexion avec les données fournies par l'observation, toutes les récentes découvertes d'astronomie
ont procédé.

« Comme la découverte elle-même dépassait par sa
grandeur ce que l'on connaissait déjà, les conséquences naturelles qui devaient découler de cette
découverte eurent également des proportions gigan-
tesques ; et nombre de vastes et laborieuses séries de
recherches, dont chacune pourrait être considérée
en elle-même comme formant une science considérable, et dont quelques-unes ont occupé beaucoup
de chercheurs profonds et zélés depuis ce temps
jusqu'à nos jours, nous arrivent comme des parties
seulement de la vérification de la théorie de Newton.
Presque tout ce qui a été fait et ce qui se fait en as-

____

(1) *Histoire des sciences inductives*, liv. VII, ch. II.

tronomie rentre inévitablement sous cette loi ; et c'est seulement quand l'astronome s'avance jusqu'aux limites de son vaste champ de travail qu'il rencontre des phénomènes qui ne relèvent pas de la juridiction de la législation Newtonienne (1) ».

Il semble alors que le sentier de l'induction fut seul exclusivement suivi, dans les recherches physiques, pendant la découverte des lois ultimes. Aussitôt que la première grande généralisation fut établie, la déduction entra en même temps en jeu : elle mena l'observateur par une combinaison avec l'induction et avec les moyens qu'elle apportait, à une rapide extension des connaissances physiques. Bien entendu, comme de nouvelles généralisations physiques d'un haut degré étaient établies, la portée dans l'usage que l'on faisait de la méthode déductive s'étendit ; et il en résulta un changement graduel dans le caractère logique du problème du physicien, et par conséquent, dans sa méthode. Au début de l'investigation, le problème était, étant donnés les phénomènes, de trouver les causes et les lois, et la route, le seul processus praticable fut l'induction ; mais, au fur et à mesure de la découverte des principes, le problème en vint graduellement à revêtir une autre forme, nommément celle-ci : étant donnés les phénomènes *et* certaines causes et certaines lois qui les affectent, trouver les autres causes et les autres lois qui sont impliquées dans les résultats. Le chercheur entrait graduellement en posséssion des deux extrémités de la chaîne et sa tâche se bornait à déterminer les chaînons intermédiaires.

(1) *Histoire des sciences inductives,* vii, II, p. 123.

3. — Nous avons eu quelque peine à exposer clairement devant vos esprits la nature logique du problème physique tel qu'il s'est présenté au début de la recherche à celui qui étudia la nature physique et tel que *maintenant* il se présente : nous avons voulu que vous puissiez nettement apprécier le degré d'analogie qui existe entre l'investigation physique et la classe de recherches dont on s'occupe ici. Quelques pages plus haut, nous avons remarqué que si l'économiste était dans une situation désavantageuse comparativement à celui qui fait des recherches physiques, puisqu'il est privé de l'expérimentation, il a également par compensation quelques avantages de son côté. La nature de ces compensations va maintenant devenir apparente. *L'économiste a pour point de départ une notion des causes ultimes.* Il est déjà, au début de son entreprise, dans la position que le physicien atteint seulement après des âges de laborieuse recherche. Si quelqu'un en doute, il n'a qu'à considérer ce que sont les principes ultimes qui gouvernent les phénomènes économiques. Comme nous l'avons expliqué dans une conférence précédente, ils consistent dans des faits tels que les suivants : certains sentiments moraux et certaines inclinations animales dans les êtres humains ; les conditions physiques dans lesquelles la production a lieu ; les institutions politiques ; l'état de l'art industriel ; en d'autres termes, les prémisses de l'Économie politique sont les conclusions et les phénomènes immédiats d'autres branches de la connaissance. Ce sont les sources d'où les phénomènes de la richesse tirent leur origine, précisément comme les phénomènes du

système solaire tirent leur origine des forces physiques et des lois dynamiques de l'univers physique ;
précisément comme les phénomènes de la science
optique sont les conséquences nécessaires des ondes
du milieu lumineux qui frappe les nerfs de l'œil.
Pour la découverte de ces prémisses, aucun procédé
d'induction perfectionné n'est nécessaire. Pour connaître, par exemple, pourquoi un fermier s'engage
dans la production du blé, pourquoi il cultive son
champ jusqu'à un certain point, pourquoi il ne le
cultive pas au-delà, il n'est pas nécessaire que nous
fassions dériver notre notion de séries de généralisations qui procèdent des statistiques du blé et de la
culture, en remontant jusqu'aux sentiments moraux
qui stimulent l'industrie du fumier, d'une part, et
d'autre part jusqu'aux qualités physiques du sol dont
dépend la productivité de l'industrie. Il n'est pas nécessaire de faire cette opération, de prendre ce cir-
cuit pour cette raison que nous avons ou nous pouvons avoir, si nous préférons tourner notre attention
sur l'objet, la connaissance directe de ces causes
dans la conscience de ce qui se passe dans notre esprit, et dans l'information que nos sens nous appor-
tent, ou du moins sont capables de nous apporter,
sur les faits extérieurs. Quiconque s'embarque dans
quelqu'entreprise industrielle est conscient des motifs qui le poussent à agir ainsi. Il sait qu'il fait ainsi
par un désir, pour acquérir la richesse ; il sait que,
selon ses lumières, pour atteindre sa fin, il choisira
comme procédé le plus court chemin ouvert devan
lui ; que s'il n'est pas empêché par des restrictions
artificielles, il achètera des matériaux de la qualité

qu'il désire au meilleur marché, et qu'il vendra au plus haut prix les biens qu'il produit. Chacun sent qu'en choisissant une entreprise industrielle, là où les avantages sont égaux à d'autres égards, il choisira celle où il peut espérer obtenir la plus large rémunération en proportion des sacrifices qu'il accepte : ou que, en cherchant un placement, il choisira, à sécurité égale, l'affaire dans laquelle le taux de l'intérêt sera le plus élevé. Eu égard aux autres causes dont dépendent la production et la distribution de la richesse, — les propriétés physiques des agents naturels et le caractère physiologique des êtres humains par rapport à leur capacité d'accroissement, — pour ces choses également on peut admettre la preuve directe, quoique d'un genre différent, preuve qui fait appel non pas évidemment à notre conscience, mais à nos sens. Ainsi, par exemple, la loi de la diminution dans la productivité du sol par rapport aux emplois successifs du capital, si la question est sérieusement posée, est capable d'être établie sérieusement par l'expérience physique directe, sur le sol, dont les résultats peuvent être soumis à l'appréciation de nos sens. Si les économistes n'observent pas eux-mêmes cette loi pour établir le fait, c'est seulement parce que tous les fermiers pratiques l'observent pour eux. Pour les prémisses physiques de l'Economie politique, de même que pour les prémisses morales, nous sommes donc entièrement indépendants de ces procédés inductifs raffinés qui servent à établir les vérités ultimes de la science physique.

4. — L'économiste peut ainsi être considéré au dé-

but de ses recherches comme déjà en possession des principes ultimes qui gouvernent les phénomènes formant le sujet de son étude, principes dont la découverte, dans le cas d'une investigation physique, constitue pour le chercheur la tâche la plus ardue; mais, d'autre part, il est privé de l'usage de l'expérimentation. Il y a cependant à ce puissant instrument un substitut inférieur qui est à sa disposition; il vaut la peine qu'on en dise ici quelques mots. Nous faisons allusion à l'emploi des cas hypothétiques construits en vue de la recherche économique qu'on se propose. Car, bien que l'économiste soit privé de produire effectivement les conditions qui conviennent à son dessein, il n'y a rien qui l'empêche de se représenter de telles conditions dans son esprit, et de raisonner comme s'il n'y avait que ces conditions de présentes, tandis qu'il fait intervenir un nouveau facteur quelconque, soit un sentiment humain, un objet matériel ou une institution politique, dont il désire examiner l'influence. Si, par exemple, il a pour dessein de fixer la relation qui existe entre la quantité de monnaie en circulation dans une aire donnée de transactions d'échange et sa valeur, il peut faire quelque supposition comme celle-ci :

1° Dans un état donné de production industrielle, il y a un certain nombre, une somme de transactions; 2° il y a une certaine quantité de monnaie en circulation; 3° il y a un certain degré d'efficacité (dans le sens expliqué par M. Mill) (1) que cette monnaie produit dans l'accomplissement de ses

____

(1) *Principes d'Économie politique*, vol. II, p. 18. 6ᵉ édit.

fonctions; en dernier lieu, il y a une certaine augmentation qui s'ajoute à la monnaie déjà en circulation. Ces conditions étant supposées, et étant supposé aussi qu'elles demeurent constantes, la scène de l'expérience serait préparée. Il est vrai que l'action de la monnaie ajoutée peut n'être pas apparente aux sens de l'économiste, ou à ceux de ses lecteurs ou de ses auditeurs, mais par la connaissance qu'il a des desseins pour lesquels la monnaie est employée et des motifs qui guident les êtres humains dans la production et l'échange de la richesse, il peut être à même de retracer les conséquences qui s'ensuivraient dans les circonstances présumées. Il trouverait une élévation dans les prix des biens proportionnée à l'augmentation de la circulation monétaire; il serait autorisé par ce résultat à formuler cette doctrine, les autres conditions restant les mêmes, la valeur de la monnaie serait inverse avec sa quantité. Ou encore, supposant que l'objet soit de fixer la loi qui gouverne la rente de la terre, l'économiste pourrait prendre comme hypothèse les conditions suivantes: 1° un certain état d'habileté agricole; 2° une capacité du sol à fournir certains revenus selon l'emploi du capital et du travail dans certaines proportions; 3° une tendance dans le sol à rapporter des revenus proportionnels qui diminuent après qu'un certain point de culture a été atteint; 4° différents degrés de fertilité dans différents sols; en dernier lieu, la terre possédée par une classe de personnes, tandis qu'une autre, en possession de capital, désire l'occuper dans le dessein de la cultiver. Ces suppositions étant faites, il tiendrait compte des motifs connus, recueillant d'une part ceux des fermiers, d'autre part ceux des propriétaires dans leurs affaires concernant la rente, et il en déduirait, par connexion avec les circonstances supposées, le montant de la rente que l'un se contenterait de recevoir et l'autre de payer. Les conditions déterminant la rente de la terre seraient ainsi fixées. Il est vrai que la conclusion à laquelle on arriverait représenterait simplement une vérité hypothétique, c'est-à-dire, exprimerait une loi qui serait vraie seulement en l'absence de causes perturbatrices; mais, comme nous l'avons déjà expliqué, c'est là une condition qu'il faut sous-entendre pour toutes les lois scientifiques quelles qu'elles soient. Mettant de côté les procédés simplement empiriques, aucune loi de nature, il importe peu si la sphère de l'enquête est physique, morale ou économique, n'est vraie autrement que par hypothèse, que dans l'absence de causes perturbatrices. Le procédé que nous avons décrit est un mode par lequel la connaissance des lois économiques peut être atteinte; et vous remarquerez qu'il est de la nature d'une expérience conduite par l'esprit. Nous sommes en vérité très éloignés de dire qu'il n'est pas très inférieur, comme moyen de découvrir la vérité, au procédé physique sensible dont il est le substitut ; en effet, tandis que les opérations réelles de la nature ne sont pas sujettes à l'erreur, il y a dans l'expérience hypothétique toujours danger, non seulement que quelques-unes des conditions dont on suppose l'existence puissent, dans le cours du raisonnement, être négligées, mais il y a aussi danger que le raisonnement où l'action de la cause particulière prise en considération est établie, ne soit vicieux. Et contre ce danger il y a une précaution utile, c'est que le procédé en question soit, autant que possible, complété par des moyens de vérification tels que la recherche économique en admet. Par exemple, pour tout économiste qui a résolu son problème de la manière qui vient d'être décrite, il est facile de rechercher quelque exemple réel qui approche des circonstances autant que possible de celui de son hypothèse. Après en avoir trouvé un, il peut observer comment les résultats obtenus dans le cas réel correspondent à ses conclusions hypothétiques ; et dans le cas, comme il arrive ordinairement, où la correspondance ne serait pas complète, il aurait à considérer jusqu'où la différence pourrait être expliquée par une référence à la présence de causes de perturbation connues. Par malheur, pour des raisons déjà indiquées, la vérification ne peut jamais, dans une enquête économique, être que très imparfaite ; mais néanmoins, si elle est soigneusement faite, elle est souvent capable de fournir une corroboration suffisante aux procédés du raisonnement inductif pour justifier un haut degré de confiance dans les conclusions ainsi obtenues.

De cette manière, l'hypothèse peut être faite pour servir comme d'une sorte de substitut à l'expérience dans l'investigation économique ; et en fait c'est par ce moyen que plus d'une doctrine importante dans la science a été révélée. L'écrivain qui a employé cette ressource particulière d'une façon très libre et très efficace, est Ricardo ; on ne pourrait donner de preuve plus décisive de l'ignorance qui prévaut en général au sujet de la méthode en Économie politique que les attaques subtiles qui ont été faites à cet éminent penseur, de tant de côtés, sur ce point. En employant la méthode du raisonnement, base des cas hypothétiques, Ricardo, en effet, employait, autant que la nature de son problème et les circonstances du cas le permettaient, cette méthode expérimentale que ceux qui voudraient ravaler ses grands travaux affectent d'exalter, mais dont ils comprennent si peu la réelle nature, comme le montrent leurs critiques. Voici un exemple de la manière dont il pouvait manier cet instrument de recherche économique. La question à examiner était le principe fondamental du commerce international ; Ricardo désirait montrer que ce pouvait être l'intérêt d'une contrée d'importer un certain article, bien qu'il fût en son pouvoir de produire l'article importé lui-même à un moindre prix qu'il n'était produit dans le pays de provenance. Cette proposition paradoxale à première vue, Ricardo était capable de l'établir par le moyen d'une simple hypothèse (qui, tandis qu'elle dégageait le problème de toutes ses complications accidentelles, mettait en pleine lumière quelques-unes des conditions essentielles dont dépendait sa solution), car, il est évident que, dans les circonstances supposées, c'est la connaissance des motifs des hommes à la poursuite de la richesse qui peut seule conduire au résultat même dont on veut s'assurer. « Deux hommes, dit-il, peuvent tous les deux faire des souliers et des chapeaux, et l'un est supérieur à l'autre dans un des deux emplois ; mais en fabriquant des chapeaux, il ne peut dépasser son concurrent que d'un cinquième, soit 20 0/0 ; tandis qu'en fabriquant des souliers, il peut l'emporter sur lui d'un tiers, soit 33 0/0 ; ne sera-t-il pas de l'intérêt de tous les deux que l'homme plus habile s'occupe exclusivement à faire des souliers, et celui qui a une infériorité à faire des chapeaux (1). »

Pour plus ample confirmation de ce que nous avons dit sur la nature des prémisses ultimes des sciences physiques par opposition avec celles de la science économique, nous voudrions vous demander maintenant de considérer l'usage différent auquel l'hypothèse est employée dans ce département de la connaissance. Dans l'Economie politique, comme nous venons de le voir, l'hypothèse s'emploie afin de pourvoir celui qui raisonne mentalement de ces conditions connues et constantes qui sont essentielles au développement déductif des assertions fondamentales de la science, mais qu'il est, dans la réalité, empêché de produire par la nature du cas ; et, de cette manière, comme nous l'avons expliqué, l'hypothèse peut être regardée comme un substitut de l'expérience ; dans l'investigation physique, d'autre part, comme les conditions requises peuvent réellement être produites, il n'y a pas besoin de les accepter par hypothèse, et en conséquence cela ne se fait jamais. A quel dessein alors l'hypothèse sert-elle dans la recherche physique ? Toujours comme moyen d'arriver aux causes et aux lois ultimes. Ces causes et ces lois n'étant pas susceptibles de preuve directe, par un appel à la conscience ou aux sens, la

(1) *Œuvres de Ricardo*, édit. de M. Culloch, p. 77.

conjecture, la présomption, l'hypothèse est naturelle, car c'est, à la vérité, la seule voie possible par
laquelle on peut les atteindre. En conséquence, le
physicien construit une hypothèse sur la nature
des causes et des lois, et après avoir fait ainsi, il rassemble les conditions à même de prouver la correc-
tion de ses présomptions, c'est-à-dire qu'il institue
des expériences pour vérifier son hypothèse. Une
telle marche ne serait pas évidemment de mise, dans
le cas analogue, pour une investigation économique.
Personne ne pense à construire une hypothèse sur
les motifs qui induisent les hommes à s'engager
dans l'industrie, à préférer des occupations rému-
nératrices à d'autres qui ne le sont pas, à aventurer
leurs gains dans des placements qui, *ceteris paribus*,
promettent les meilleurs revenus, ou encore, sur les
causes qui, dans un état donné de la connaissance
et de l'habileté agricoles, mettent une limite permanente à l'emploi du capital et du travail appliqués
au sol, pas plus qu'aux conditions dont dépendent la
continuation et la croissance de la population. Une
conjecture serait ici manifestement hors de propos,
parce que nous possédons dans notre conscience
et dans le témoignage de nos sens, comme nous
l'avons déjà montré, la preuve directe et facile de ce
que nous désirons connaître. Dans l'Economie politique en conséquence, l'hypothèse ne s'emploie jamais comme une aide pour la découverte des causes
et des lois ultimes; de même, dans l'investigation
physique, elle ne s'emploie jamais comme un substitut de l'expérience (1).

(1) Appendice C.

Telles sont donc les positions respectives de l'économiste et du physicien dans leurs rapports avec la nature logique du problème auquel ils ont chacun affaire. Et la chose étant ainsi, qu'est-ce qui peut prouver une plus grande ignorance des conditions du problème, à la fois de la réelle nature des précédents fournis par les sciences physiques et du caractère du problème Économique, que de faire appel aux sciences physiques, comme l'on fait constamment pour justifier l'usage exclusif de la méthode purement inductive dans la recherche économique ? C'est négliger pareillement la faiblesse particulière et la force particulière de la position de l'économiste ; c'est se faire pour l'Economie politique l'avocat d'une méthode qui n'a de puissance que dans l'investigation physique, parce que le physicien peut l'employer en connexité avec des conditions dont la réalisation est empêchée par la nature de son enquête ; c'est refuser d'employer un instrument de découverte tout à notre portée que le physicien a essayé d'obtenir au prix de nombreux efforts, et que, une fois en sa possession, il apprécie comme le plus puissant de ses moyens. Ce que les précédents de la science physique, bien compris, enseignent à l'économiste, c'est de regarder la déduction comme sa principale ressource ; les faits fournis par l'observation et l'expérience étant employés, autant que les circonstances le permettent, comme moyens tant de vérifier les conclusions ainsi obtenues, que, là où il se trouve qu'il y a des différences entre les faits et ses raisonnements théoriques, de fixer la nature des causes perturbatrices auxquelles ces différences sont dues. C'est de cette manière, et de cette manière seulement, que l'on recourt à l'expérience dans les sciences physiques qui ont atteint l'âge de la déduction, c'est-à-dire, qui, dans le caractère logique de leurs problèmes, présentent quelque réelle analogie avec la science économique.

5. — Les procédés auxquels nous venons de nous référer pour la vérification et la découverte des causes perturbatrices ou (pour exprimer différemment la même idée) la découverte des moindres influences qui affectent les phénomènes économiques, nous permettent de fixer la place propre de la statistique dans le raisonnement économique. La statistique est la collection de faits arrangés et classifiés en vue de recherches particulières ; et c'est cette méthode systématisée d'observation qui nous fournit le moyen le plus efficace pour contrôler et vérifier l'exactitude du raisonnement que nous tirons des hypothèses fondamentales de la science ; tandis que le même expédient offre également le moyen de beaucoup le plus efficace pour faire voir l'action des facteurs moindres ou perturbateurs qui modifient, parfois si considérablement, le cours réel des événements. La manière dont ces dernières influences affectent les phénomènes de la richesse est, en général, obscure et souvent complexe, de telle sorte que leur existence ne se découvre pas facilement au dialecticien engagé dans le développement de doctrines économiques plus importantes ; afin de les découvrir, il faut donc prêter attention aux effets qu'elles produisent ; et ceci, comme nous

l'avons dit, ne peut être mieux fait que par l'usage de la statistique jointe constamment au raisonnement déductif.

Il est important de remarquer que les relations de la statistique et de l'Economie politique ne diffèrent en rien de celles qui existent entre la statistique et les autres sciences qui ont atteint la phase de la déduction. Les observations enregistrées par l'astronome sont la statistique de l'astronomie; c'est à lui de les comparer aux conclusions découlant théoriquement des principes de dynamique qui constituent les prémisses de sa science, et strictement analogues à son point de vue à ceux que nous venons d'exposer (1). En effet dans les sciences qui peuvent avoir recours à l'expérience, comme par exemple la chimie, la statistique formelle est de peu d'usage. La statistique n'est pas nécessaire, parce que l'expérience fournit, et d'une manière plus efficace, les moyens de dresser la même comparaison. Mais ce que les chimistes appellent résidus » est précisément

(1) Par exemple, le retour de la comète prédit par le professeur Encke, un grand nombre de fois de suite, et le bon accord général de la place calculée et de la place observée durant une de ses périodes de visibilité, nous ferait dire que sa gravitation vers le soleil et les planètes est la cause unique et suffisante de tous les phénomènes de son mouvement sur son orbite; mais une fois l'effet de cette cause strictement calculé et déduit du mouvement observé, il reste encore un *phénomène résidu*, dont on n'aurait jamais établi autrement l'existence, c'est une petite anticipation du temps de ses réapparitions ou une petite diminution de son temps périodique, dont on ne peut rendre compte par la gravité dont il faut rechercher la cause. Cette anticipation serait causée par la résistance d'un agent disséminé à travers les régions célestes; et comme il y a d'autres bonnes raisons pour croire que c'est la *vera causa*, on l'a donc attribuée à cette résistance. *Philosophie naturelle* de HERSCHELL, p. 156.

analogue aux différences entre les conclusions de l'économiste et les faits du statisticien dont nous avons parlé et conduit de la même manière à la découverte de nouveaux éléments ou de nouveaux principes jusque-là négligés.

Telle est la méthode de recherche que la nature de preuve valable dont on peut se servir dans les recherches économiques aussi bien que l'analogie des sciences physiques, autant qu'elles y correspondent dans le caractère logique de leurs problèmes, suggère comme propre à être suivie dans l'Economie politique: et telle est également la méthode qui, en fait, a été suivie par tous les écrivains, qu'elle ait été distinctement formulée ou non, depuis Turgot et Adam Smith jusqu'à M. Mill, qui ont activement contribué à l'avancement de la science économique. La démonstration détaillée de cette proposition peut être cependant réservée pour une autre conférence.

CONFÉRENCE IV

LA MÉTHODE LOGIQUE DE L'ÉCONOMIE POLITIQUE
(*suite*)

1. — La méthode examinée dans la conférence précédente, est
la même qui a, en fait, été suivie par les autorités
scientifiques.
Méthode de M. Tooke dans ses recherches sur la monnaie.
2. — Analyse de la doctrine que « le coût de production règle
la valeur des biens librement produits ».
Nature de la preuve par laquelle une loi économique est
établie ou réfutée.
Exemples tirés de la « Richesse des Nations ».
   »   » des œuvres de Ricardo.

1. — Nous concluions notre dernière conférence
en remarquant que la méthode d'investigation que,
— guidés par la nature de la preuve valable aussi
bien que par l'analogie des sciences physiques, dans
la mesure où celle-ci s'y rapporte, — nous avons vu
convenir à l'Économie politique, est aussi la méthode
qui a été suivie, avec ou sans leur aveu formel, par
les écrivains qui ont le plus efficacement contribué
au progrès de la science économique. La route suivie par ces penseurs peut être en général ainsi tra-
cée : Les principes de la science qui n'exigent point
de preuve, dépendant directement de la conscience,

comme par exemple le désir d'obtenir la richesse avec le moins de sacrifices possibles, ils les ont en général tacitement acceptés, passant tout de suite à leur discussion sans les établir formellement. Ceux qui sont soumis à la discussion, tels que les propriétés physiques des agents de la production, et le caractère physiologique des êtres humains par rapport à leur capacité d'accroissement, ils les ont établis par telles preuves que de besoin. Le célèbre essai de Malthus sur la « Population », par exemple, est presque tout entier consacré à établir et à illustrer ces deux principes, à savoir l'aptitude des êtres humains à multiplier leur espèce, et l'aptitude de la terre, dans des conditions données de l'art agricole, à assurer la subsistance. Les fondements de ces principes élémentaires ainsi posés, ils ont ensuite considéré les conséquences qui en résultent pour la production et la distribution des richesses ; comment ces principes, mis en œuvre sous la direction de l'intelligence humaine, conduisent naturellement à la division du travail, à l'échange mutuel des produits entre les différents producteurs, à l'emploi de la monnaie comme instrument d'échange, et, au fur et à mesure du progrès des sociétés, à la hausse de la rente, et au ralentissement des progrès de la population. Ils ont ensuite tracé les lois générales de la valeur, de la rente, des profits et des salaires, qui résultent de l'action de ces mêmes principes. Mais, comme les conclusions ainsi obtenues se trouvaient fréquemment différer à divers degrés des faits observés, leur attention a été ainsi attirée (d'une façon strictement conforme à l'ordre que nous avons décrit) vers l'influence des principes secondaires qui modifient la force des causes plus puissantes. Ainsi, le chapitre d'Adam Smith sur les différents taux des salaires dans différents métiers n'est rien autre chose qu'une recherche sur la nature et la force de ces principes secondaires. Le chapitre de Ricardo sur le *commerce étranger* et ceux de M. Mill sur les *valeurs internationales* sont des recherches de caractère semblable ; le but étant de découvrir les causes spéciales qui, dans le cas des échanges internationaux, interviennent pour modifier les lois générales de la valeur. L'essai de M. Senior « sur le coût de production de la monnaie » est encore un exemple du même genre.

Mais, le meilleur exemple qui ait été fourni des progrès que la statistique même peut faire faire à la science économique a été apporté par M. Tooke dans son ouvrage bien connu, sur l'*Histoire des prix*. Un des premiers et des plus élémentaires principes de la théorie de la monnaie est que, toutes choses égales d'ailleurs, la valeur de la monnaie est en raison inverse de sa quantité. Dans les discussions qui ont eu lieu dans la première partie du XIXe siècle sur les phénomènes des prix et sur la circulation, ce principe était tenu pour vrai et non pas par simple hypothèse, c'est-à-dire en l'absence de toute cause perturbatrice, mais comme la seule, ou du moins la principale cause qui règle les prix. Les ultrabullionistes d'une part, et les avocats de la circulation inconvertible d'autre part, admettaient comme certain que toutes les fluctuations dans les prix des biens doivent être attribuées, pour le moins à un degré considérable, à des changements dans la quantité de monnaie, en comprenant sous ce terme le numéraire et les billets (1). Maintenant le résultat de l'examen sérieux qu'a fait M. Tooke, de l'histoire monétaire et commerciale de cette période, ne devait montrer entre les prix et la circulation aucune correspondance semblable à celles que ces différentes autorités prétendaient. Il y avait donc un exemple de cette divergence entre les conclusions d'un raisonnement abstrait et les phénomènes réels que l'investigation statistique a pour objet de mettre en lumière. La conclusion ici nécessaire était donc ou que le procédé logique par lequel ces conclusions avaient été établies était faux, ou que quelques causes influant sur les phénomènes avaient été négligées (2). M. Tooke

(1) Cette illusion eut une telle puissance, que la célèbre « Bullion Committee » de 1810, dans un rapport admirable bien que non impeccable, trouvant que la circulation du papier s'était accrue à cette époque et concluant d'autres considérations qu'elle était excessive, tint pour sûr, sans enquête, que « les prix de tous les biens » avaient monté (Rapport, p. 11). Nous disons *sans enquête* parce que : 1º aucun témoignage sur ce point ne fut examiné, et 2º parce que, eût-on fait une enquête, il est certain qu'on aurait trouvé que les faits étaient précisément l'opposé de ce que l'on avait supposé ; la réaction qui suivit la spéculation excessive de 1809 et de 1810 ayant alors eu lieu, et les marchés généraux étant dans un état extraordinaire de dépression. Cf. l'*Histoire des prix*, de Tooke, vol. I, ch. v. sect. ii ; M. Huskisson, dans sa *Question*, etc., fait également la même supposition.

(2) Il n'est pas à supposer que la divergence à laquelle on fait allusion finisse par invalider la loi élémentaire que, *ceteris paribus*, la valeur de la monnaie est en raison inverse de sa quantité. Celle-ci repose encore sur la même base de faits mentaux et physiques que toute autre doctrine d'Économie politique, et doit toujours constituer un principe fondamental dans la théorie de la monnaie. Ce fait montrait simplement que, dans le cas en question, la condition *ceteris paribus* n'était pas remplie. Le fait en question n'est pas plus incompatible avec la loi économique que la

montrait qu'une erreur avait été commise à ces deux points de vue : 1° une erreur de raisonnement qui négligeait la distinction entre le caractère de la monnaie (proprement dite), dans ses effets sur les prix et celui des billets convertibles émis par les banques dans l'escompte des effets ; 2° une erreur qui consistait à omettre l'influence perturbatrice que d'autres formes de crédit, au même titre que les billets de banque, quand elles sont employées avec pouvoir d'achat, exercent sur les prix (1). L'étude plus approfondie de cette question par M. Tooke a conduit à une théorie des prix qui, eu égard au rapport entre les prix et la circulation des billets, renverse directement quelques-unes des maximes antérieures. Il prétendait par exemple que le montant de la circulation fiduciaire, au lieu d'être la cause efficiente qui détermine le niveau général du prix, est elle-même un effet de ce phénomène, où les fluctuations n'accompagnent pas mais précèdent les fluctuations dans la circulation ; et, en outre, il apportait pour la première fois une explication d'une large et importante classification des phénomènes monétaires.

Telle est donc en Economie politique la méthode de recherche que non seulement la nature du phénomène suggère, mais que défendent également l'analogie et l'autorité.

non correspondance d'un phénomène mécanique complexe avec ce qu'une connaissance des lois élémentaires de la mécanique pourrait conduire un novice à attendre n'est incompatible avec ces lois élémentaires. Une guinée tombe sur le sol plus rapidement qu'une plume ; cependant personne ne voudrait sur ce fait nier la doctrine que le pouvoir accélérateur de la pesanteur est le même pour tous les corps.

(1) Voyez l'*Histoire des prix* de Tooke, v. IV, ch. ii, sect. 2.

2. — Afin d'illustrer davantage le caractère de cette méthode et le secours qu'une claire intelligence en peut apporter dans la discussion des questions économiques, nous prendrons un exemple particulier de loi économique et nous examinerons la nature de l'assertion qu'elle contient et le genre de preuve par lequel elle peut être établie ou réfutée.

C'est une loi fondamentale en Économie politique que le « coût de production règle la valeur des biens librement produits ». Par le coût de production d'un bien, on entend le travail, les privations et les risques nécessaires à la production de ce bien ; et par l'expression « biens librement produits » on comprend les biens qui peuvent être produits suivant une quantité requise par qui veut bien s'imposer la peine et les frais nécessaires à leur production. Telle est la signification de ces mots. Considérons donc la nature de l'assertion que l'on fait quand on dit que « le coût de production règle la valeur ».

Cela signifie-t-il que des biens librement produits s'échangent invariablement et sans exception l'un l'autre en proportion de leurs coûts respectifs de production ? En d'autres termes que, dans tous les cas où ces biens sont échangés, leurs frais de production sont précisément égaux ? Si telle est la signification de la théorie, l'assertion est évidemment fausse. Le blé et l'orge, par exemple, en Angleterre, sont des biens librement produits, et une *stone* de blé moyen, au prix actuel [1856-1857], s'échange pour un peu plus d'une *stone* d'orge moyen ; mais les frais de production d'une *stone* de blé sont beaucoup plus grands que les frais de production d'une *stone*

8

d'orge ; d'autant plus qu'un fermier ne se considère pas comme aussi bien payé, s'il n'obtient près de la moitié de plus pour le premier. Voyons encore une autre interprétation : la doctrine signifie-t-elle que, en prenant la moyenne de périodes considérables, la valeur des biens librement produits sera constamment proportionnée à leurs frais de production? Là non plus, la doctrine ne peut supporter un examen sérieux. Les effets de coton, par exemple, en Angleterre, et le tabac en Amérique, sont des biens librement produits. Quiconque a les moyens requis à sa disposition peut s'engager dans la production de l'un ou de l'autre jusqu'à telle limite qu'il lui plaît ; cependant, dans l'échange du tabac et du coton manufacturé entre l'Amérique et l'Europe, même en prenant la moyenne de longues périodes, la proportion dans laquelle ils s'échangeront ne se trouvera pas correspondre à leurs frais respectifs; la quantité de coton anglais manufacturé qui s'échangera pour une quantité donnée de tabac américain, représentera, en moyenne, de plus grands frais.

Dans quel sens, dès lors, peut-on vraiment prétendre que les frais de production règlent la valeur des biens librement produits? La réponse est que cela est vrai par hypothèse, en l'absence de causes perturbatrices ; ou, pour présenter la même chose sous une forme différente, la théorie exprime non pas un fait, mais une tendance. Ainsi, pour revenir à notre exemple antérieur en tant que fait, il n'est pas vrai que le blé et l'orge s'échangent à présent en proportion de leurs frais respectifs de production : car la quantité de blé pour laquelle on échangera une quantité donnée d'orge, représente le résultat d'une plus grande somme de travail et de privation ; mais il *est* vrai que le blé et l'orge *tendent* à s'échanger en proportion de leurs frais de production (1) : et la preuve de ce fait est que le prix actuellement élevé de l'orge, comparé à celui du blé, conduira à un accroissement dans la production de l'orge et à une diminution dans la production du blé dans la saison suivante. Il peut se faire que l'échange dans les quantités comparatives produites ne soit pas suffisant pour proportionner leur valeur à leurs frais ; dans ce cas, une augmentation encore plus grande se produira dans la récolte de l'orge l'année suivante et une diminution plus sensible dans la récolte du blé ; ou il peut se faire que l'échange excédera ce qui est nécessaire, et que la valeur de l'orge, en tant que mesurée au blé, tombe au-dessous de ce que ses frais de production nécessiteraient ; et, dans ce cas, les faits de l'année suivante seront retournés. Mais quel que soit le résultat, et quoique les prévisions puissent être démenties par les vicissitudes des saisons et autres causes, la tendance de sa valeur à se rapprocher des frais de sa production sera constante et infaillible (2). C'est, pour emprunter l'image de

(1) Quand on dit que les frais de production d'un produit agricole déterminent sa valeur, le lecteur comprendra que nous parlons toujours des frais de la portion *qui est produite avec le plus de dépenses.*

(2) M. Macleod prétend (*Théorie et pratique de la Banque*, vol. I, p. 13) que ce ne sont pas les frais de production qui règlent la valeur du produit agricole : mais la valeur qui règle les frais. Il est sans doute vrai que, dans le cas d'un produit agricole, une hausse dans sa valeur, ou (supposant que la valeur de la monnaie soit constante) dans son prix, est généralement suivie par un

M. Mill, comme la tendance de l'océan vers un même niveau, qui est aussi constante et certaine que la loi de la gravitation, bien que probablement pas un seul mètre carré de sa surface puisse pour un moment, en réalité, l'atteindre. Dans

accroissement dans les frais de production. D'autre part, une hausse dans le prix d'un article manufacturé conduit généralement à une diminution dans les frais ; et il serait juste autant que raisonnable de dire que le prix règle les frais de production dans un cas comme dans l'autre. Ce que le prix règle réellement c'est la quantité qui doit être produite ; une avance dans le prix d'un article au delà du niveau normal indique toujours que l'offre est insuffisante, et conduit ainsi à un accroissement de production. Or, il arrive que, dans le cas de la production agricole, plus la quantité requise est petite, moins les frais proportionnels auxquels on peut l'obtenir sont élevés, moins il est nécessaire de recourir à d'autres sols qu'aux sols fertiles ; et de là il résulte que toute hausse dans le prix, conduisant à un accroissement dans la production, est suivie généralement d'augmentation. D'autre part, dans le cas d'articles manufacturés, plus l'échelle de production est large, moins les frais proportionnels sont élevés, grâce à une plus grande place faite ainsi à l'emploi de la machinerie et à la division du travail ; et, en conséquence, la hausse de prix dans ce cas, conduisant également à une extension de production, est généralement suivie d'une diminution des frais.

Il est évident que, ni dans l'un ni dans l'autre cas, les frais ne sont réglés par le prix ; ils le sont par la quantité requise, et concurremment par les conditions physiques et mécaniques dans lesquelles l'article est produit. D'autre part, il est certain que, dans les deux cas, les frais règlent le prix, puisque, quels que soient les frais auxquels une quantité requise est produite, qu'ils soient élevés ou diminués par l'extension de la production, ces frais sont le point autour duquel le prix oscillera d'une manière permanente.

M. Macleod dit que la doctrine, d'après laquelle les frais de production règlent la valeur, signifie « que la persévérance à produire un article quelconque à grands frais, si elle continuait assez longtemps, finirait par élever sa valeur ». M. Macleod veut donc dire : « continuait assez longtemps » à un prix qui ne fût pas rémunérateur (car si le prix était rémunérateur, ce serait en proportion des frais de production et il n'y aurait pas lieu d'argumenter) ; mais un tel cas est économiquement impossible.

l'exemple cependant que nous avons donné de la valeur relative de l'orge et du blé dans le Royaume-Uni, quoique les proportions dans lesquelles ces deux articles s'échangent ne puissent jamais, à un moment donné, être strictement conformes à leurs coûts de production, si la moyenne était fixée pour une période étendue, la correspondance se trouverait encore probablement, dans la plupart des cas, suffisamment exacte; de même que l'élévation moyenne du liège jeté sur la surface de l'océan se trouverait représenter le niveau dont toute la surface tend constamment à s'approcher. Mais dans l'autre exemple, celui de l'échange des effets de coton et du tabac entre l'Angleterre et l'Amérique, ce ne serait pas le cas. Comme nous l'avons déjà observé, si nous avions à prendre les proportions moyennes d'échange de ces deux articles, même pour une période considérable, cette moyenne ne se trouverait pas correspondre aux frais respectifs de production.

Est-il donc vrai que la loi soit en défaut en ce cas? Nous répondons qu'elle n'est pas plus en défaut que la loi de la pesanteur n'est elle-même en défaut, lorsque sa force est neutralisée par l'action du frot-

Tous les raisonnements de Ricardo, — en fait, les raisonnements de tous les économistes que nous avons rencontrés à l'exception de M. Macleod, — procèdent de l'hypothèse que l'intérêt personnel est le mobile de la production. Un cas donc qui suppose « une persévérance dans la production » sans une rémunération adéquate, c'est-à-dire sans un mobile adéquat, est simplement en dehors de l'Economie politique. Les frais de production, dans les circonstances supposées, ne régleraient pas la valeur; et ni davantage l'offre et la demande, ni davantage tous autres principes que l'on pourrait imaginer. Bref la valeur n'aurait plus de sens, du moment que l'échange, avec les sentiments d'intérêt personnel qui le dictent, cesserait d'exister.

tement. La loi agit, mais son action est subordonnée à l'action d'un autre principe qui intervient et modifie les phénomènes résultants. Nous avons ici un exemple d'une proposition que nous établissions dans les pages précédentes, à savoir qu'une loi en Economie politique, quoique logiquement déduite de faits naturels indubitables, n'est cependant, quand elle est appliquée à des phénomènes extérieurs, vraie que par hypothèse. Ainsi la loi d'après laquelle les frais de production règlent la valeur des biens librement produits est une doctrine logiquement déduite de faits incontestables, à savoir que les hommes désirent le bien-être physique, et répugnent à la peine non récompensée. En considérant simplement ces principes, il suit clairement que les hommes désirent obtenir la richesse avec la moindre dépense de travail, et qu'en conséquence ils ne continueront pas à donner un article dont la production coûte une somme donnée de travail, pour un article qui peut s'obtenir à des conditions moins onéreuses : c'est seulement, en d'autres termes, dire que les frais de production règlent la valeur. Mais cela n'est vrai que dans l'hypothèse qu'aucun autre principe n'intervient pour déranger l'action directe des deux principes qui viennent d'être exposés. Par exemple, l'amour du sol natal peut intervenir pour déranger leur action. Un Anglais peut préférer constamment échanger une livre de coton manufacturé pour une quantité de tabac brut qui coûte moins de travail, plutôt que d'aller en Amérique pour y récolter du tabac lui-même. Dans les affaires internationales donc, un nouveau principe, l'amour du sol natal, entre en jeu, et modifie l'action des principes primaires d'où a été déduite la loi des frais de production; il en résulte une déviation des valeurs internationales qui s'écartent du cours que la loi élémentaire nous conduirait à attendre. Pour revenir à la figure qui vient d'être employée, supposons un poids qui reste en équilibre sur un plan incliné. Il n'est personne qui, comprenant le sens d'une loi physique, dirait qu'il y a là une exception à la loi de la pesanteur : la loi n'est pas en défaut, mais elle est contrecarrée par l'intervention d'une autre force, le frottement. Et, de même, il n'y a aucune défaillance dans la loi des frais de production, quand, dans le commerce international, un frottement d'un autre genre intervient pour modifier les résultats de son action. Diminuez le frottement du plan dans l'exemple de physique, et le poids commencera à descendre, obéissant à la loi de la pesanteur. Et, de la même manière précisément, diminuez les obstacles aux communications internationales, diminuez la force des préjugés internationaux, et les lois générales de la valeur se trouveront immédiatement en action et les valeurs internationales se rapprocheront plus étroitement des frais de production des articles échangés.

Par suite de cette conception d'une loi économique, en tant qu'exprimant une vérité hypothétique et non positive, en tant que représentant non ce qui a lieu réellement, mais ce qui *tend* ou *tendrait à* avoir lieu en l'absence de causes perturbatrices, nous n'éprouvons aucune difficulté à apercevoir le *genre* de preuve sur lequel repose une telle loi, et le *genre* d'arguments par lesquels seulement, si elle est mise en question, elle peut être réfutée.

Si l'assertion n'a pas trait à l'ordre des phénomènes économiques, on ne peut l'établir ou la réfuter en ayant recours au témoignage de ces phénomènes, c'est-à-dire aux preuves statistiques et documentaires portant sur le cours des affaires industrielles et commerciales ; mais si elle exprime une tendance déduite de principes certains de la nature humaine comme ils agissent en certaines conditions physiques, on peut l'établir seulement en prouvant l'existence de ces principes et de ces conditions, et en montrant que la tendance affirmée s'ensuit comme une conséquence nécessaire de ces données ; ou si elle est mise en question, elle peut se réfuter seulement en montrant soit que les principes et les conditions supposées n'existent pas, soit que la tendance que la loi affirme ne s'ensuit pas comme une conséquence nécessaire de cette supposition. Dans les raisonnements économiques donc, en supposant que la partie logique du procédé soit exacte, il faut, dans tous les cas, en dernier lieu faire appel à la conscience ou à quelques faits extérieurs, à quelque loi mentale ou physique. Et ce procédé, en fait, a été le genre de preuve qui a servi à établir tous les principes d'économie politique qui peuvent être considérés comme des doctrines reçues, et la conclusion à laquelle, dans les ouvrages de ses adeptes les plus habiles, toutes les questions controversées ont été réduites en dernière analyse.

3. — Les lecteurs de la « *Richesse des nations* » se

rappellent le passage du début de l'ouvrage où l'existence de la division du travail est rattachée à certains principes de la nature humaine qui entrent en action dans les circonstances de fait où l'humanité est placée. Après avoir rapporté les moyens de persuasion employés par les animaux inférieurs pour gagner la faveur de ceux dont ils cherchent les services, Adam Smith continue :

« L'homme agit quelquefois de même avec ses semblables, et quand il n'a pas d'autre voie pour les engager à faire ce qu'il souhaite, il tache de gagner leurs bonnes grâces par des flatteries et par des attentions serviles. Il n'a cependant pas toujours le temps de mettre ce moyen en œuvre. Dans une société civilisée, il a besoin à tout moment de l'assistance d'une multitude d'hommes, tandis que toute sa vie suffirait à peine pour lui gagner l'amitié de quelques personnes. Dans presque toutes les espèces d'animaux, chaque individu, quand il est parvenu à sa pleine croissance, est tout à fait indépendant, et tant qu'il reste dans son état naturel, il peut se passer de l'aide de toute autre créature vivante. Mais l'homme a presque constamment besoin du secours de ses semblables, et c'est en vain qu'il l'attendrait de leur seule bienveillance. Il sera bien plus sûr de réussir s'il s'adresse à leur intérêt personnel, et s'il leur persuade que leur propre avantage leur commande de faire ce qu'il souhaite d'eux. C'est ce que fait celui qui propose à un autre un marché quelconque. Le sens de sa proposition est ceci : « Donnez-moi ce dont j'ai besoin et vous aurez de moi ce dont vous avez besoin vous-même », et la plus grande partie de ces bons offices, qui nous sont si nécessaires, s'obtiennent de cette façon (1). »

De même, c'est en s'adressant au principe de l'intérêt personnel tel qu'il agit dans les transactions commerciales, et aux propriétés physiques des métaux précieux en tant que biens faciles à transporter, que le même écrivain renversa les théories du système mercantile et qu'il établit la théorie du libre-échange :

« Nul bien, nous dit-il, ne se règle plus aisément ou plus exactement par rapport à la demande effective que l'or et l'argent ; eu égard, en effet, au petit volume et à la grande valeur de ces métaux, aucun bien ne peut être transporté plus facilement d'une place à une autre, des places où il est bon marché à celles où il est cher. »

« Un pays, continue-t-il, qui n'a pas de mines à lui, est nécessairement obligé de tirer son or et son argent des pays étrangers, celui qui n'a pas de vignobles à lui doit se procurer des vins. Un pays qui a de quoi acheter du vin se procurera toujours le vin dont il a besoin ; et une contrée qui a de quoi acheter de l'or et de l'argent ne manquera jamais de ces métaux précieux. On doit les acheter à un certain prix comme les autres biens ; et de même qu'ils constituent le prix des autres biens, de même les autres biens constituent le prix de ces métaux. Nous avons pleine et entière confiance en ce que la liberté du commerce, sans aucune attention du gouvernement, nous fournira toujours le vin dont nous au-

____

(1) *Richesse des Nations*, éd. de M. Culloch, 1850, p. 7.

rons besoin ; et nous pouvons croire avec la même assurance qu'elle nous fournira toujours l'or et l'argent que nous pourrons nous permettre d'acquérir ou d'employer, soit dans la mise en circulation de nos biens, soit pour d'autres usages (1) ». Il y a une raison qui n'est pas exprimée, mais qui est clairement impliquée : le même intérêt personnel, qui est suffisant pour engager les producteurs de vin français et espagnols à nous envoyer leurs vins, sera également suffisant pour engager les producteurs d'or et d'argent à nous envoyer ces métaux, si, comme dans le premier cas, nous sommes prêts à leur donner leur valeur en retour.

Dans un autre raisonnement, Adam Smith s'élève contre une autre doctrine de la même école, c'est que la réglementation du commerce par un système de droits et de prohibitions est indispensable à la prospérité commerciale d'une contrée. Adam Smith raisonne ainsi :

« C'est diriger les particuliers dans la manière d'employer leurs capitaux, et c'est forcément dans presque tous les cas une réglementation ou inutile ou embarrassante. Si le produit du pays peut s'acheter aussi bon marché que celui de l'étranger, la réglementation est évidemment inutile ; sinon elle doit être généralement embarrassante. C'est la maxime de tout chef de famille prudent de ne jamais essayer de faire à la maison ce qui lui coûtera plus cher à faire qu'à acheter. Le tailleur n'essaye pas de faire ses chaussures, mais il les achète au cordonnier. Le cordon-

_____

(1) *Richesse des Nations,* éd. de M. Culloch, 1850, p. 190.

nier n'essaye pas de faire ses propres vêtements, mais il emploie un tailleur. Le fermier n'essaye de faire ni l'un ni l'autre, mais il emploie ces différents artisans... Ce qui est prudence dans la conduite d'une famille privée peut rarement être folie dans celle d'un grand royaume. Si une contrée étrangère peut nous fournir un bien à meilleur marché que nous ne pouvons le faire nous-mêmes, mieux vaut l'acheter avec une part du produit de notre industrie employée de manière à nous fournir quelque avantage. L'industrie générale de la contrée étant toujours en proportion avec le capital qu'on emploie ne diminuera pas plus par suite de ce fait que celle des artisans ci-dessus mentionnés, mais il restera à découvrir le moyen de l'employer de la façon la plus profitable. Elle n'est certainement pas employée de la façon la plus profitable, quand elle est dirigée vers un objet dont l'achat revient à meilleur marché que la fabrication. La valeur de la production annuelle diminue certainement plus ou moins, quand elle est ainsi détournée de la production des biens qui ont évidemment plus de valeur que le bien qu'elle a charge de produire (1). »

Dans tout ce raisonnement, nous avons à peine besoin de le remarquer, l'auteur fait appel au principe de l'intérêt personnel. Les restrictions au commerce, si elles ne sont pas utiles, sont nuisibles ; elles sont préjudiciables à l'accroissement de la richesse nationale, parce que dans les opérations commerciales les hommes cherchent naturellement leur propre

(1) *Richesse des Nations*, p. 200.

intérêt ; et en conséquence, s'ils sont livrés à eux-mêmes, ils dirigeront naturellement leur activité dans la voie où ils auront quelque avantage ; l'activité générale d'un pays ne sera donc pas diminuée par la liberté du commerce, mais elle sera seulement mise en œuvre de la façon la plus profitable ; disons-le en d'autres termes, elle le sera de façon à produire la plus grande quantité possible de richesses.

Adam Smith, il est vrai, renvoie ensuite aux faits historiques et invoque l'exemple de l'Espagne et du Portugal pour montrer l'effet préjudiciable du système mercantile sur le commerce de ces Etats. Vous observerez cependant que, quand il a recours à l'histoire, c'est toujours par manière d'éclaircissement et de confirmation ; il n'en fait jamais la base de ses doctrines. Il commence par établir les assises fondamentales sur les principes de la nature humaine et les faits physiques du monde extérieur ; la référence subséquente aux événements historiques ne sert qu'à illustrer le mode d'action des lois ainsi établies.

Prenons un autre exemple chez un de nos plus grands génies de la science économique. Une des plus importantes découvertes qui ait été faite depuis l'époque d'Adam Smith est la théorie de commerce international établie par Ricardo. « Avant lui, comme l'observe M. Mill, la théorie du commerce international était un chaos inintelligible. » La découverte de Ricardo est en peu de mots celle-ci : il a montré que la circonstance qui déterminait l'échange des biens entre deux nations n'est pas, comme on l'avait auparavant supposé, une différence dans le coût *absolu* de production des biens échangés, mais une différence dans le coût *comparatif*. Le blé et le fer, par exemple, pourraient tous deux s'obtenir à un moindre coût en Suède qu'en Angleterre, et cependant aucun échange de blé et de fer n'aurait nécessairement lieu entre la Suède et l'Angleterre ; mais si les coûts comparatifs du fer et du blé étaient différents dans ces deux pays, les principes de l'intérêt personnel conduiraient inévitablement à un échange. Nous avons déjà cité le passage dans lequel Ricardo, illustrant cette proposition par une simple hypothèse, était à même de l'établir comme une doctrine de la science économique en ayant directement recours aux motifs qui engagent les hommes à la production et à l'échange de la richesse.

Ainsi également, en discutant avec M. Say la théorie de la rente, des profits, de l'impôt, la question est invariablement réduite par Ricardo, ou à quelque principe reconnu de l'activité humaine, ou à quelque question de fait physique, à des questions, comme, par exemple, les suivantes : Quelle est la capacité productrice du sol ? La mesure des revenus à débourser, toutes choses étant égales d'ailleurs, est-elle la même, ou plus grande ou moindre selon que la dépense s'accroît ? La conduite des fermiers qui exploitent des sols inférieurs ne prouve-t-elle pas qu'elle est moindre ? Dans la culture de la terre n'y a-t-il donc pas un point auquel les revenus payent le capital et le travail employés dans l'exploitation et pas plus ? L'intérêt des fermiers ne les conduira-t-il pas à pousser la culture à ce point ? La même considération ne les empêchera-t-elle pas de dépasser cette limite ? N'y a-t-il pas des sols de tous degrés de fertilité possible? N'y en a-t-il donc pas quelques-uns qui rendront simplement un profit moyen selon les dépenses, rien de plus? La concurrence des fermiers, guidés chacun par la considération de leur intérêt personnel, ne forcera-t-elle pas la rente de la terre à monter jusqu'à ce que les revenus leur laissent simplement le taux moyen des profits par rapport à leur capital? Le même motif ne les empêchera-t-il pas de le pousser plus haut? La rente n'est-elle donc pas déterminée par la différence entre le coût de cette portion de la production agricole qui s'est élevée à la plus haute dépense et celle qui s'est élevée à une moindre? Supposant une taxe sur le produit brut, le fermier ne voudra pas payer la taxe, car alors il n'obtiendrait pas le profit moyen, et plutôt que de se soumettre à un moindre profit, il sera conduit par son intérêt personnel à retirer son capital de la terre. Echappera-t-il à la taxe en restreignant l'aire de culture et en donnant une rente plus basse? ou les besoins des consommateurs les induiront-ils à donner un plus haut prix plutôt que de diminuer leur consommation? Le taux minimum des profits nécessaires pour assurer le placement du capital du fermier sera-t-il maintenu par une baisse de la rente ou par une hausse de prix? C'est autour de la décision de tels points que tournent les lois de la rente, des profits, de la taxation.

Ces exemples qu'on pourrait multiplier à plaisir suffiront à montrer le *genre* de preuve sur lequel les grands maîtres de l'Economie politique ont établi leurs découvertes et le genre de conclusions auquel ils ont été conduits. Dans tous les cas où le procédé logique d'un adversaire est admis comme correct, on fait en dernier lieu appel à quelque principe mental ou physique. La méthode des grands maîtres a ainsi été strictement conforme aux exigences de la nature de la loi économique, telle que nous l'avons décrite.

CONFÉRENCE V

DE LA SOLUTION D'UN PROBLÈME ÉCONOMIQUE ET DU DEGRÉ DE PERFECTION DONT ELLE EST SUSCEPTIBLE

1. — Circonstances dans lesquelles une loi économique, envisagée logiquement, diffère d'une loi dans les sciences physiques plus avancées, impossibilité de fixer un rapport quantitatif précis.
Note : opinion de M. Macleod et de M. Jennings.
Caractère vague des lois économiques mis en lumière par la théorie de la baisse des profits,
Par les variations dans le prix des subsistances,
Et par les effets des changements dans l'impôt sur la consommation.
2. — Conséquences du caractère vague des lois économiques en tant qu'elles affectent la solution des problèmes économiques.
Exemples tirés : de l'argent pour l'Orient en 1856,
Du prix élevé du blé pendant les quatre années 1853 à 1856 inclusivement.
3. — Ignorance générale de ce que signifie la solution d'un problème économique.
Exemples (voyez également les notes).

1. — En traitant dans notre dernière conférence de la méthode de recherche qui est propre à l'Économie politique, nous étions amenés à examiner la nature de l'assertion contenue dans une loi économique, et du genre de preuve nécessaire pour

l'établir ou pour la réfuter. Sur ces points, nous arrivions aux conclusions suivantes : une loi économique exprime, non pas l'ordre dans lequel les phénomènes se présentent, mais une tendance à laquelle ils obéissent ; lorsqu'elle s'applique à des événements extérieurs, elle est donc vraie seulement dans l'absence de causes perturbatrices ; en conséquence elle représente une vérité hypothétique et non positive ; étant déduite par conséquence nécessaire de certains principes mentaux et physiques, elle ne peut être établie que si l'on établit l'existence des principes supposés, et que si l'on montre que par une nécessité logique ils impliquent la tendance supposée ; et elle ne peut être réfutée que si l'on prouve que les principes n'existent pas ou que le raisonnement est vicieux. A tous ces points de vue, nous nous sommes efforcés de montrer que le caractère d'une loi économique est strictement analogue à celui des lois de la nature physique qui s'obtiennent ou qui peuvent s'obtenir par déduction des principes ultimes des sciences auxquelles ils appartiennent.

Voilà jusqu'où va l'analogie en Economie politique avec les lois telles qu'on les entend dans les sciences physiques les plus avancées. Dans la présente conférence, nous nous proposons d'appeler votre attention sur une circonstance où cette analogie se trouve en défaut, et sur les conséquences qui en résultent dans le développement de la vérité économique. Dans les deux branches de connaissance, une loi naturelle exprime également une tendance exerçant une influence constante sur les phénomènes ; mais dans les sciences physiques, la découverte d'une loi naturelle n'est considérée comme complète que lorsqu'on trouve, outre la tendance générale, une expression numérique exacte pour le degré de force suivant lequel agit la tendance en question.

« C'est le caractère », dit sir John Herschell (1), « de toutes les lois supérieures de la nature de revêtir la forme d'une proposition quantitative précise. Ainsi la loi de gravitation, la vérité la plus universelle à laquelle la raison humaine soit encore arrivée, n'exprime pas simplement le fait de la mutuelle attraction de toute la matière ; elle ne contient pas simplement cette vague proposition que l'influence diminue à mesure que la distance augmente, mais elle exprime la valeur numérique exacte de cette diminution ; on peut donc, quand son évaluation est connue pour une distance quelconque, la calculer exactement pour une autre. Il en est de même pour les lois de la cristallisation, qui limitent les formes revêtues par les substances naturelles, quand elles sont abandonnées à leurs pouvoirs inhérents d'agrégation, à des figures géométriques précises à angles et à proportions déterminés : elles ont le même caractère essentiel d'expression strictement mathématique, sans lequel on n'en pourrait jamais tirer de conclusions particulières. »

Pour donner un exemple de plus, l'usage de la balance a placé la chimie dans la catégorie des sciences dont les lois admettent une détermination quantitative. Le chimiste est en conséquence ca-

____

(1) *Philosophie naturelle*, p. 123.

pable, non pas simplement de décrire la nature générale de la réaction qui aura lieu entre certaines substances dans des conditions données, mais il peut
donner par avance une détermination numérique des
proportions exactes dans lesquelles les divers éléments se réuniront dans le composé qui en résulte.

C'est là cependant un degré de perfection qu'il nous
semble impossible de voir atteindre par l'Economie
politique, pas plus que par le droit, la philologie
ou l'une quelconque des branches de connaissance
qui tirent leurs prémisses des principes de la nature
humaine (1). Car, quoique le caractère général de ces
principes puisse être établi, quoique, s'ils sont établis
avec une précision suffisante, ces principes puissent
devenir la base d'importantes déductions, cependant
ils n'admettent, de par la nature du phénomène, ni
poids ni mesure comme les éléments et les forces
du monde matériel ; ils ne sont donc pas susceptibles
d'expression arithmétique ou mathématique ; et il
en résulte que, en spéculant sur les résultats qui dépendent de la force positive ou relative de ces principes, on ne peut arriver ni à une parfaite précision,
ni à une exactitude numérique. L'économie politique semble par là exclue du domaine des sciences
exactes (2).

(1) Cette remarque pourrait peut-être s'étendre jusqu'au point
d'embrasser les sciences organiques en général. Les lois du développement organique par exemple, exprimant des tendances générales, ne sont jamais formulées autrement qu'en termes généraux.
(2) M. Macleod considère la science monétaire (qu'il semble
regarder comme adéquate ou à peu près à l'Economie politique)
comme une « science exacte ». Dans l'Introduction à *La théorie
et la pratique de la Banque*, vol. II, p. 25, il écrit ce qui suit.
« Ces principes agissent donc avec une certitude infaillible, ils

Ce caractère des doctrines économiques sera rendu plus clair par quelques exemples.

La baisse des profits, au fur et à mesure des progrès des nations en richesse et en nombre, est une circonstance qui a longtemps attiré l'attention des

sont universellement vrais ; l'instinct humain est aussi certain, invariable et universel dans sa nature que les lois du mouvement, — ET C'EST LA CIRCONSTANCE QUI ÉLÈVE LA SCIENCE MONÉTAIRE RANG D'UNE SCIENCE EXACTE OU INDUCTIVE. C'est ce qui rend possible de l'établir sur une base aussi sûre, solide et impérissable qu'une science mécanique. C'est la seule de toutes les sciences politiques, dont les phénomènes peuvent s'exprimer avec la certitude infaillible des autres lois naturelles » (Les majuscules sont de l'auteur). M. Macleod semble confondre une science exacte avec une science positive. Pour qu'une science soit exacte, il faut que non seulement ses prémisses soient « universelles » et « invariables », mais de plus il faut qu'elles soient susceptibles d'une détermination quantitative précise. Si M. Macleod peut montrer que ces *deux* conditions sont satisfaites en l'espèce, que le caractère de l'instinct humain peut être connu, et aussi qu'on peut mesurer sa force, comme la force de la gravitation, il aura établi une base pour une science exacte de l'Économie politique.

M. Jennings, dans ses *Eléments naturels d'Economie politique*, semble adopter les mêmes vues.

« Nos instruments, dit-il, quoique agissant sur et par les principes de la nature humaine, se trouvent consister en exposants métalliques (monnaie) considérés comme parties et multiples, et non moins capables d'être soumis aux procédés du calcul exact que ne le sont les instruments de tout acte purement physique. Les résultats de ces principes, quand on les observe, peuvent être exprimés en figures, de même que les résultats anticipés de leur action future ou des rapports tels que ceux de, quantité et de valeur, de valeur et de taux de production, peuvent être exposés dans des formules et analysés suivant les différentes méthodes de l'*algèbre* ou du *calcul intégral* (pp. 259-260). »

Il n'y a pas de doute que les résultats économiques, *une fois qu'ils sont réalisés*, ne puissent s'exprimer en chiffres ; mais nous pensons qu'il faut quelque chose de plus pour rendre une science « exacte ». M. Jennings en effet ajoute : « comme le peuvent également les résultats *anticipés* de leur future action » ; mais la question est : Avons-nous des données telles qu'elles économistes. On a également observé que, dans le cours de ce progrès, un point minimum est atteint, au-dessous duquel les profits ne descendent pas ; et, en outre, que ce minimum est différent pour les différentes nations. En Chine, il est établi que

puissent nous servir de garantie si nous acceptons comme dignes de foi les résultats ainsi obtenus ? Nos calculs deviendront-ils, non pas simplement et généralement, mais « exactement » vrais ? Au lieu de parler en général, prenons un cas spécial, la détermination du prix du blé, et considérons ce qui dans cet exemple serait nécessaire pour arriver à un résultat « exact ». Ce qui suit est tiré de l'*Histoire des prix* de Tooke. « Mais en outre, à supposer que les résultats à la fois de la moisson et du stock disponible fussent connus d'après les comptes rendus officiels avec une approximation suffisamment exacte, il y aurait encore cependant la plus grande incertitude sur les marchés de blé à moins de connaître la quantité probable dés approvisionnements de l'étranger. En admettant qu'il soit au pouvoir du gouvernement de contrôler toutes ces bases d'estimation des importations présentes et futures, il y aurait encore une autre influence sur les prix, et en conséquence une cause de fluctuation : à savoir les vues de spéculation agissant sur l'esprit, à la fois des acheteurs et des vendeurs, lorsqu'ils observent les circonstances susceptibles d'affecter la production de la récolte suivante. De l'époque des semailles à celle de la récolte, les vicissitudes du temps exercent une influence sur les marchés, et ainsi elles causent des fluctuations aux périodes critiques de la saison. Parmi les réclamations mises en avant par la statistique agricole, on a exigé, comme une partie de l'information sur laquelle on insistait particulièrement, qu'il y eût des comptes rendus officiels périodiques des récoltes.

« Ces contingences, et d'autres plus ou moins importantes, sont causes des fluctuations qui proviennent de l'incertitude de l'offre. Mais en supposant, pour une argumentation plus simple, que les statistiques de l'offre soient parfaites, il restera l'incertitude de la demande.

« Pour les raisons que l'on vient d'établir, les variations de la *consommation* sont sur une échelle beaucoup plus petite que celles de l'offre ; mais la *demande* sur le marché peut avoir occasionnellement une influence temporaire considérable sur les prix, comme dans le cas de l'automne de 1834, des meuniers et des boulangers essayant d'amasser un stock, après être restés eux-mêmes déles profits ne montrent aucune tendance à descendre au-dessous de 30 0/0 par an ; par contre, en Angleterre, les profits sont tombés peut-être à 10 0/0 et en Hollande probablement plus bas, et dans d'autres pays, la baisse s'est arrêtée à d'autres points. Or, le point de descente auquel la baisse s'est arrêtée, c'est-à-dire le taux minimum du profit qui peut pour un temps considérable exister dans une collectivité quelconque, est déterminé par la force du principe que M. Mill a appelé « le désir efficace d'accumulation ».

Ce « désir efficace d'accumulation » est une expression générale pour désigner le degré suivant le-

pourvus. Il peut également y avoir une demande pour l'exportation en France ou dans d'autres parties du continent. Comment les informations du gouvernement auraient-elles pu fournir la statistique d'une telle demande? Mais en adoptant l'hypothèse extrême et extravagante que tous ces éléments d'incertitude auraient pu être forcément mis en relief par la statistique et les autres informations publiées par le gouvernement, il resterait encore à résoudre le problème de ce que le prix devrait être en conséquence; et ceci, nous osons le dire, constitue un problème insoluble. — Vol. V, pp. 88-89. »

Afin que les problèmes de l'Economie politique pussent être soumis à une méthode « exacte », il serait nécessaire, non seulement que les instruments, sur et par lesquels agissent les principes de la nature humaine (dans la poursuite de la richesse), fussent susceptibles d'être mesurés quantitativement, mais aussi que les principes eux-mêmes, aussi bien que les conditions dans lesquelles ils entrent en action, fussent susceptibles d'une détermination numérique exacte. Le système le plus parfait de poids et mesures n'aurait jamais fait de la chimie une science exacte, si la loi des proportions définies n'avait été découverte.

Quelques fortes remarques dans ce sens se trouveront dans la *Philosophie positive*, tome IV, pp. 512, 513. L'essai que l'on a fait des formules mathématiques dans les recherches d'ordre social est taxé par M. Comte d' « involontaire témoignage décisif d'une profonde impuissance philosophique ».

quel un désir de richesse prévaut sur les principes
de la nature humaine qui obstruent son action, tels
que l'amour de l'aisance et le désir de la jouissance
immédiate. Quand un homme emploie ses richesses
comme capital dans le but de produire plus de richesses, il est induit à le faire pour s'abstenir d'une
jouissance présente de ce qu'il a accumulé et s'engager dans les peines et anxiétés des affaires par
la perspective d'ajouter, à la somme totale de ses
richesses, le revenu qui provient de leur emploi
productif. S'il n'avait pas en perspective ces revenus,
il n'emploierait pas du tout ses richesses acquises à
des entreprises de production. Il n'aurait pas de
motif de le faire. Il les consommerait dans la mesure de ses besoins, ou, s'il désirait en conserver pour
les besoins de sa consommation future, au lieu de
l'aventurer sans perspective de revenu dans des opérations de production, il la convertirait en monnaie,
qu'il déposerait en quelque endroit sûr, d'où il pourrait, à l'occasion, la retirer. Or, du moment que la
perspective de revenus plus grands est ce qui engage
un homme à surmonter son indolence naturelle et
à réprimer son désir de jouissance immédiate, il est
évident que le taux minimum des revenus qui suffira
à ce dessein dépendra de la proportion où la propension à accumuler se trouvera par rapport aux principes qui lui font opposition, c'est-à-dire son amour
de l'aisance et son désir de jouissance immédiate.
Plus ce principe-là aura relativement de force, plus
sera petite la perspective de gain qu'il lui faudra
pour l'inciter à s'engager dans la production des richesses, en d'autres termes, plus les revenus peu-

vent tomber avant que la baisse ne soit arrêtée par
l'absence de motifs suffisants. Le phénomène se présente donc ainsi : Par suite de certaines conditions qui
influent sur le caractère des agents de la production,
il y a une tendance dans les revenus à baisser au fur
et à mesure des progrès des nations en richesse et en
population; il y a, en outre, un point où la baisse
s'arrête ; ce point est déterminé par la force du désir
efficace d'accumulation. Tout ce que nous sommes
capables de·savoir à ce sujet se réduit au fait général que ces tendances existent, et que ces résultats
dépendent de ces conditions; mais comme nous
n'avons aucun moyen de vérifier la force précise,
positive ou relative, des principes dont dépend le résultat, indépendamment de la manière dont leur action se montre dans les cas particuliers nous ne
pouvons dire, par avance, le point où ils peuvent
s'équilibrer; c'est-à-dire que nous ne pouvons établir, avant l'expérience, le minimum de revenus
possible en une communauté quelconque donnée.
Comparez cela à la précision réalisable dans les
sciences physiques. Quand un astronome raisonne
sur le marche d'une comète dans l'espace, il ne se
contente pas d'établir dans ses grandes lignes le fait
que le météore est sous l'influence de certaines forces
contraires, qu'il tend à s'éloigner du soleil sous l'influence du mouvement qui l'entraîne; mais qu'à un
point de sa course, la force de gravité surmontera ce
mouvement, et qu'à ce point sa course sera renver-
sée; l'astronome ne nous dit pas seulement ceci ; il
nous dit de plus la distance précise que la comète
doit franchir avant que la force de gravité en sur-

monte le mouvement suivant lequel elle se meut pour arrêter sa course extérieure : et il est capable de le faire, parce qu'il ne connaît pas seulement, comme un fait général, que ces tendances représentées par les lois de la gravitation et du mouvement existent, mais aussi il est capable d'obtenir une expression numérique exacte pour la force suivant laquelle chacune opère, un degré de précision qui ne peut s'atteindre dans la détermination des principes de l'Économie politique.

Prenez un autre exemple de l'incertitude qui, eu égard à cette indétermination des prémisses, s'attache au caractère des conclusions de la science économique.

Nous savons, c'est une règle générale que l'homme est plus prompt à se dispenser du luxe et du superflu que de ce qui est nécessaire pour vivre : et nous pouvons inférer avec certitude que, en l'absence de causes perturbatrices, une diminution dans l'offre de la subsistance ordinaire d'un pays sera suivie d'une hausse proportionnelle plus grande dans son prix qu'une diminution correspondante dans l'offre d'un article moins impérieusement nécessaire ; qu'une diminution, par exemple, d'un tiers dans l'offre de froment causera une plus grande hausse pour le prix du froment qu'une diminution proportionnelle dans l'offre de la soie n'en produira sur son prix. Quelques auteurs, à vrai dire, ont essayé d'aller au delà de cette proposition générale, et ont exprimé, sous forme de tables, la hausse du prix des subsistances qui se produit dans l'éventualité de certains déficits supposés dans sa quantité. Ainsi, d'après le calcul de Grégoire King, qui vivait dans la dernière partie du xviie siècle, un déficit d'un dixième dans l'offre ordinaire de l'objet principal de la nourriture cause, dans son prix, une hausse qui s'étendra jusqu'à trois dixièmes au-dessus du taux ordinaire; un déficit de deux dixièmes causera une hausse de huit dixièmes; un déficit de trois dixièmes, une hausse de seize : et ainsi de suite jusqu'à un déficit d'une moitié qui, cela est calculé, produira une hausse de prix égale à quatre fois et demie le taux ordinaire (1). Si cependant nous considérons, pour un moment, les causes dont dépend une hausse de prix et les circonstances qui déterminent son étendue, on ne pourra évidemment accorder aucune confiance à l'exactitude de ces calculs, les conditions essentielles pour une telle exactitude n'étant pas susceptibles de réalisation.

La hausse qui se produit dans le prix du froment par suite d'un déficit de quantité dépendra (le montant du déficit étant donné) de deux condidions :

(1) Voici la table de Grégoire King :

Déficit		Au dessus du taux ordinaire.
1 dixième		3 dixièmes
2 dixièmes		8 —
3 —	élèvent le prix de	1,6 —
4 —		2,8 —
5 —		4,5 —

Sur ce point M. Tooke remarque : « Il est peut-être superflu d'ajouter qu'aucune règle stricte semblable n'en peut être déduite; en même temps, il y a lieu de supposer que l'estimation n'est pas très éloignée de l'aspect de la vérité, d'après l'observation de la répétition de ce fait que le prix du blé en Angleterre a monté de 100 à 200 0/0 et au-dessus, quand le déficit le plus considérable constaté dans les récoltes n'a pas beaucoup plus varié que de 1/6 à 1/3 au-dessous de la moyenne et quand le déficit a été comblé par des offres étrangères. *Histoire des prix*, v.i.p. 13.

1° La disposition de gens chez qui a lieu le déficit à sacrifier d'autres jouissances, auxquelles il peut être en leur pouvoir de commander, au désir d'obtenir la quantité usuelle de leur nourriture accoutumée ; 2° l'étendue des moyens à leur disposition pour obtenir d'autres genres de jouissances, c'est-à-dire leur pouvoir général d'achat. Or, si nous pouvions arriver à une mesure exacte de cette disposition, aussi bien que des moyens de la réaliser au gré des consommateurs, et si nous connaissions également l'exacte étendue du déficit dans l'offre du froment, nous pourrions alors déterminer d'une façon numérique exacte la hausse du prix qui aurait lieu dans les circonstances données. Mais il est évident qu'aucune de ces conditions ne peut être exactement remplie. Sans s'attarder à la difficulté de s'assurer exactement des autres données essentielles à la solution, c'est-à-dire de l'étendue du pouvoir d'achat d'une communauté et du mode de distribution dans les différentes classes, il est évident que la disposition de gens à sacrifier un genre de jouissance à un autre, à sacrifier la vanité au comfort ou le décorum à la faim, n'est pas susceptible d'une mesure précise, et ne peut jamais, comme les forces de la nature physique, se réduire en formule.

Ce caractère d'indétermination qui appartient aux prémisses de l'Economie politique ressort d'une manière frappante de l'effet qu'un changement dans le droit sur les articles taxés produit quelquefois sur leur consommation. Il s'est souvent trouvé, par exemple, qu'une réduction dans la taxe sur un article de consommation, le tabac par exemple, a été suivie d'un accroissement dans le produit total de la taxe, mais si la réduction continue, les revenus baisseront. Maintenant, si l'on connaissait la disposition de la communauté et son pouvoir d'achat en ce qui regarde le tabac, en tant que comparé à d'autres articles de consommation générale, et si l'on pouvait les exprimer exactement par une formule mathématique, le point précis auquel le revenu de la taxe sur le tabac atteindrait son maximum, pourrait être déterminé par avance; et une immense réforme, sans risque d'échec, pourrait, sur le champ, être effectuée dans notre système fiscal. Mais comme nous n'avons aucun moyen de nous assurer avec précision de la disposition du genre humain, ou d'une de ses portions, à ce point de vue, nous sommes obligés d'avoir recours à une série d'expériences, d'essais, et nous devons nous contenter d'une approximation grossière du maximum requis, obtenue peut-être au prix d'une perte considérable pour le fisc et d'ennuis pour le public.

Nous avons pensé utile d'appeler l'attention sur cette source d'imperfections dans nos raisonnements économiques, car il nous semble bon de faire connaître la faiblesse aussi bien que la force de notre position comme économiste, afin de ne pas, en affectant une exactitude qui ne peut être atteinte, jeter le discrédit et la suspicion sur les vérités certaines de la science.

La formule célèbre de Malthus établissait, comme vous le savez, que la population tend à s'accroître suivant une progression géométrique et les subsistances suivant une progression arithmétique. En avançant cette proposition, Malthus, réellement, n'avait eu d'autre intention, comme tout lecteur sincère et intelligent de son ouvrage s'en apercevra aussitôt, que de définir notre conception d'un principe important ; les conclusions qu'il basait sur le principe ainsi exprimé ne dépendant pas le moins du monde pour leur vérité de l'exactitude mathématique de la formule. Ses adversaires, cependant, n'étaient pas d'humeur à lui faire cette concession. La doctrine avait été établie sous une forme mathématique ; elle devait donc être maintenue dans toute sa rigueur, ou les spéculations de Malthus devaient être incontinent qualifiées d'illusions et ses conclusions de fantaisies d'une imagination malade.

2. — Tel est donc le caractère d'une loi économique, analogue à tous égards aux lois de la nature physique qui s'obtiennent par un semblable procédé de raisonnement déductif, avec cette importante différence que la loi économique n'admet pas de détermination quantitative. Cela posé, nous sommes à même de comprendre jusqu'où les lois économiques peuvent servir à l'explication des phénomènes économiques.

L'explication d'un phénomène ou la solution d'un problème (les expressions étant équivalentes) consiste à ramener le fait à résoudre où à expliquer à quelques principes connus ou reconnus. La marche rapide d'une planète dans l'espace, par exemple, est, dit-on, expliquée, quand on a montré que cette rapidité est le résultat de principes dynamiques connus. Le phénomène physique de la rosée est, dit-on, expliqué, lorsqu'on a montré que les lois connues de la radiation et de la conductibilité de la chaleur, ainsi que les lois de la condensation de la vapeur d'eau, nécessairement sous certaines conditions extérieures, conduisent à la production de la rosée, ces conditions étant les mêmes que celles où, en effet, l'apparition de la rosée est observée. Si nous admettons l'existence des lois, nous voyons que le phénomène doit être présent quand en fait il est présent. De la même manière, le phénomène économique de la rente est, dit-on, expliqué, quand on a montré qu'il est la conséquence nécessaire du jeu des intérêts humains trafiquant d'un article qui a les propriétés physiques particulières qui se trouvent résider dans la terre. Dans ce cas également, si nous admettons que les êtres humains, dans leur façon de traiter la terre agissent en vue de leur propre intérêt, et de plus que les meilleurs sols sous le rapport de la fertilité et de la situation ne sont pas illimités dans l'offre, et que le rendement à obtenir d'une superficie limitée n'est pas non plus illimité, mais diminue en proportion de la dépense, à mesure que s'accroît la quantité produite, nous voyons, ou, en raisonnant sur ces faits, nous pouvons voir que le phénomène de la rente doit nécessairement se présenter dans le progrès de la société, et qu'elle montera ou baissera d'après les causes qui, comme nous le voyons, l'affectent en réalité. A ce point de vue donc, la solution du problème économique est strictement analogue à celle du problème physique; dans chaque cas, le procédé consiste à remonter du fait à expliquer jusqu'à sa source dans les principes ultimes de la

science; si c'est un fait physique, aux lois ultimes
de la nature physique; si c'est un fait économique,
aux axiomes ultimes de l'Économie politique —
c'est-à-dire, aux principes mentaux et physiques
dont dérivent ses doctrines. Tant que cette connexité n'est pas clairement établie, on ne peut prétendre avoir expliqué aucun phénomène physique
ou économique.

La solution d'un problème peut être regardée
comme parfaite quand on a montré que les principes auxquels il se ramène existent et conduisent par
conséquence nécessaire au fait précis qui constitue
le problème à résoudre (1). Supposant notre raisonnement correct, il est évident que l'imperfection peut
encore provenir soit de l'indétermination de notre
connaissance des lois qui agissent en produisant le
phénomène, soit de l'ignorance des circonstances
précises dans lesquelles elles sont mises en action.
A l'exception peut-être de l'astronomie, il n'y a pas
de science qui ait atteint l'absolue perfection à ces
deux points de vue. La plupart des sciences phy-

(1) « Dans un tel cas, dit sir John Herschell, quand nous raisonnons par régression jusqu'à ce que nous atteignions un fait
ultime, nous regardons un phénomène comme pleinement expliqué; de même nous considérons la branche d'un point
arbre comme déterminée quand nous avons remonté jusqu'au
lieu où elle s'insère dans le tronc, ou un scion quand nous avons
retrouvé son point de jonction avec la branche; ou plutôt, de même un ruisseau conserve son nom et son importance
jusqu'à ce qu'il se soit perdu dans un tributaire plus large,
ou dans le fleuve qui le livre à l'océan. Ceci, cependant,
suppose toujours que, en reconsidérant le cas, nous voyons clairement comment l'admission d'un tel fait avec toutes les lois qui
s'y rapportent, rendra parfaitement compte de *chaque détail.* »
Philosophie naturelle, p. 103.

siques avancées satisfont, cependant, à la première
condition, quoique généralement elles manquent
d'une exactitude complète dans la dernière. Pour
revenir à un exemple antérieur, la formation de la
rosée, les lois de la radiation, de la conductibilité de la
chaleur et de la condensation de la vapeur d'eau dont
ce phénomène dépend, peuvent être déterminées
d'une façon précise et exprimées en formules mathématiques; mais les circonstances dans lesquelles
le phénomène apparaît, l'état de l'atmosphère et la
condition des différents corps sur lesquels le dépôt
de la rosée a lieu durant une nuit donnée, ne peuvent être, elles, exactement déterminées. Tout bien
considéré, la solution du problème n'est donc pas
complète : en effet, bien que nous puissions savoir
par suite de notre connaissance des lois de la chaleur et de la vapeur d'eau, que la rosée dans des circonstances données doit apparaître, cependant, par
manque de précision dans notre connaissance
de ces circonstances données, nous ne pouvons
dire la quantité précise qui en devrait, de par ces
lois, être déposée ; notre solution ne nous offre
donc pas d'autre certitude que celle d'avoir un
caractère plus ou moins adéquat ; et nous ne
sommes pas sûrs de savoir s'il ne peut pas exister
d'autres causes affectant le résultat que nous avons
omis de noter.

En économie politique, nous avons vu que les lois
n'admettent pas de détermination quantitative précise; nous avons maintenant de plus à noter que
la portion restant des données nécessaires à la solution d'un problème posé, c'est-à-dire les circons-

tances dans lesquelles ces lois entrent en action, quoique généralement susceptibles de mesure, ne peuvent, dans la pratique, que rarement être constatées assez complètement pour comporter une expression numérique. Prenons, par exemple, un fait économique qui a provoqué nombre de réflexions chez les économistes et les commerçants, l'exportation de l'argent de l'Europe en Orient, qui s'est produite sur une si grande échelle l'année dernière (1856). Nombre de causes peuvent être assignées qui, prises ensemble, serviront jusqu'à un certain point à rendre compte de ce fait. Il y a eu, en premier lieu, une hausse générale des salaires dans le Royaume-Uni, conséquence en partie de notre prospérité commerciale, en partie des découvertes d'or, conduisant à une demande croissante de monnaie ici pour les productions des pays de l'Orient. Il y a eu, ensuite une diminution dans la production de la soie sur le continent, obligeant les Européens à faire venir une grande partie de leur soie de l'Inde et de la Chine, augmentant ainsi la dette de l'Europe à l'égard de ces pays. L'interruption de notre commerce durant la guerre avec la Russie nous a encore obligés à nous adresser à ces mêmes régions pour le lin et pour les autres articles que nous avons l'habitude de nous procurer sur les marchés russes, nouvelle dette envers l'Orient. Il y a eu ensuite une rébellion en Chine, tendant à accroître la thésaurisation si répandue dans les pays de l'Orient. En plus de toutes ces causes, il y a les nouvelles offres d'or venant de Californie et d'Australie, abaissant sa valeur par rapport à l'argent, et chassant par suite ce dernier métal de la circulation des pays qui ont un double étalon (les contrées qui sont principalement confinées au continent européen) et ainsi diminuant la demande et abaissant la valeur de l'argent. Eu égard à ces différentes circonstances, et au jeu des intérêts humains à la poursuite de la richesse auxquelles elles donnent occasion, on peut aisément montrer que l'exportation d'argent de l'Europe en Orient (à moins d'être contrariée par quelques autres causes d'une efficacité égale dans une direction opposée) doit avoir lieu comme une conséquence nécessaire ; et en prenant la somme de ces données, l'échelle de leur grandeur étant poussée aussi loin que l'on peut l'établir, elles contribuent probablement beaucoup à expliquer le drainage actuel. Mais sont-elles adéquates à une complète explication ? ou sont-elles plus qu'adéquates ? Et est-il encore nécessaire de chercher et de découvrir quelque cause agissant dans un sens opposé, afin d'avoir l'explication complète du résultat dont nous sommes témoins ?

Ou prenez un autre exemple, le prix élevé du blé pendant ces quatre dernières années (de 1853 à 1856 inclusivement). Parmi les causes qui ont été assignées pour l'explication de ce phénomène, il y a la baisse qui récemment a eu lieu dans la valeur de l'or, l'effet de la large affluence venant de l'Australie et de la Californie. Quelques écrivains, cependant, qui sont d'avis que l'or n'a pas baissé de valeur, maintiennent que le niveau élevé du prix est suffisamment expliqué par le peu d'offres qui ont suivi le grand déficit de la récolte de 1853 dans toute l'Europe, venant s'ajouter à l'éloignement où nous nous sommes trouvés de toutes les sources d'approvisionnement durant la guerre de Russie ; et cela, nonobstant l'influence du libre-échange agissant vigoureusement dans un sens directement opposé. Or, si l'économie politique était une science exacte, cette question pourrait être de suite déterminée en calculant l'effet des causes assignées, et en comparant le résultat du calcul au prix réel du marché. Mais pour les raisons que nous avons exposées, ce calcul dépasse ses moyens ; car même quand il serait possible d'obtenir une statistique soignée et digne de foi de la production et de l'importation du blé pendant la période en question, nous ne pourrions encore dire quel effet cela produirait sur le prix, par suite de l'indétermination essentielle des autres prémisses comprises dans le problème, la force relative des désirs humains, l'étendue des moyens à la disposition des consommateurs, pour ne pas mentionner les circonstances diverses qui influent sur l'opinion, quant aux perspectives de la récolte prochaine, telles que les changements dans le temps et les renseignements sur les moissons provenant des autres pays (1). Nous sommes, par conséquent, en discutant cette question, obligés d'avoir recours à des arguments d'une nature probable et souvent conjecturale ; les conclusions doivent naturellement participer au même caractère purement probable et conjectural, et peuvent donc

(1) Voyez l'*Histoire des prix* de TOOKE, vol. V, part. I, sect. 29, où la question est pleinement discutée et d'une manière très satisfaisante.

ne jamais atteindre cette forme précise et définie qui distingue les conclusions de la science physique.

3. — Nous avons ainsi insisté avec quelque longueur sur le caractère d'un problème économique, et le degré de perfection dont sa solution est susceptible, parce qu'il nous semble que, parmi ceux qui dans le public de la presse et ailleurs s'engagent dans des discussions économiques, il y en a peu qui semblent avoir une conception claire du but que, dans l'investigation des phénomènes de la richesse, l'Economie politique se propose d'atteindre. Les observations suivantes fort justes, extraites d'un article du *Statistical Journal* d'octobre dernier, dû à mon prédécesseur immédiat, M. Walsh, sur l'exportation de l'argent en Orient, mettent en lumière la confusion des idées auxquelles nous avons fait allusion. « Il y a des personnes qui se figurent à tort qu'elles expliquent ce phénomène ; cette erreur appelle notre considération. Nous l'avons vue se produire chez quelques personnes qui signaient « marchands de Chine », « marchands de l'Est » et ainsi de suite, noms qui semblent réclamer de l'autorité pour celles qui les portent dans une question relative à un commerce dans lequel elles sont versées. Alors elles établissent *ce qui* se présente et elles s'imaginent nous avoir dit *pourquoi* : tandis qu'en fait tout leur travail aboutit à nous dire que l'argent est exporté en Orient, parce que l'argent est exporté en Orient. L'un annonce (dans une lettre à l'*Economist*, 2 février 1856) que la réponse directe à la question sur la cause de l'exportation de l'argent est que le métal constitue à

présent la plus lucrative branche de commerce ; et il rejette toutes réflexions qui visent à offrir une plus ample explication. La réponse est tout à fait correcte, mais aussi superficielle que vraie. Si le commerce n'était pas lucratif, personne ne continuerait à l'exercer ; mais la question est de savoir ce qui le rend si extraordinairement lucratif et à ce sujet l'auteur ne nous apprend rien. D'autres s'égarent dans de longues descriptions du mécanisme par lequel la transmission de l'argent s'effectue, billets tirés en un lieu pour dettes contractées ailleurs et marchandises envoyées dans une localité contre ce qui est transmis à un autre ; et finalement ils se flattent de nous avoir dit *pourquoi*, quand ils ont simplement mentionné *comment*. Pourquoi un tel passe-t-il le bac ? Parce qu'il est transporté dans le bateau. Mais pourquoi est-t-il entré dans le bateau ? C'est la question à laquelle il s'agit de répondre. Et de même, on ne répond pas à la question de savoir pourquoi l'argent est exporté en Orient quand on constate ses voies et moyens de transmission. Ce que l'on cherche réellement à savoir ce n'est pas le mécanisme du transfert, « mais ce qui met le mécanisme en mouvement » ; en d'autres termes, ce que sont les faits physiques ou les éventualités, qui, conjointement à l'intérêt personnel des hommes à la poursuite de la richesse, produisent le résultat actuel, le drainage de l'argent.

Chacun a, supposons-nous, rencontré des personnes, qui, lorsqu'elles étaient aux prises avec une difficulté économique, ont trouvé un refuge dans la maxime commode que, « les choses finiront bien par trouver leur niveau, explication qui ne laisse pas à l'esprit une notion bien définie des moyens par lesquels le niveau désiré doit être atteint ». Un écrivain dans l'*Examiner* (1) emploie comme synonymes les termes « stimuler » et « absorber » et s'e, sert pour soutenir des doctrines vraiment extraordinaires. Entr'autres paradoxes, cet écrivain maintient que non seulement l'or n'a pas baissé de valeur en conséquence des récentes découvertes, mais qu'il n'a jamais baissé par suite des découvertes récentes ; et, bien mieux, mais qu'il n'y a rien dans la diminution du coût de la production de l'or qui tende à en abaisser la valeur. Ayant supposé (au mépris de la statistique qu'il donne) que l'accroissement de la production de l'or n'a eu jusqu'ici aucun effet sur les prix, l'écrivain procède ainsi pour rendre compte du fait. « L'offre additionnelle des métaux précieux a stimulé l'industrie du monde, et en fait elle a produit un montant de richesse, dans la représentation de laquelle ils ont été eux-mêmes, pour ainsi dire, absorbés. » Plus loin il dit : « Mais le produit de l'or australien et californien, aussi bien que celui de l'argent qui l'a accompagné (2), doit probablement continuer, et on

(1) 13 décembre 1856.

(2) Comme pour faire compensation à la disposition prédominante de baser les principes économiques sur des données statistiques, l'écrivain de l'*Examiner* renverse le procédé, et s'efforce de déduire des principes économiques (ou ce qu'il prend pour tels) les faits qui peuvent être démontrés par la preuve statistique. C'est ainsi que, dans l'article dont nous avons tiré cette citation, il essaye de prouver que le stock d'argent universel, depuis les découvertes australiennes et californiennes, s'est accru d'un montant égal à 118 750 000 £. Voici son raisonnement :

L'accroissement d'or qu'il prend dans les neuf dernières années peut se demander s'il ne doit pas, dans le cours du temps provoquer une dépréciation. Nous pensons que certainement cela n'est pas possible. Au contraire, l'or sera sûrement *absorbé* par l'accroissement des richesses et de la population aussi vite qu'il s'est produit. »

est évalué à 125 000 000 £ ; mais l'argent a, par rapport à l'or, monté seulement durant cet intervalle, de 5 0/0 ; donc le stock d'argent s'est accru du même montant (c'est-à-dire £ 125 000 000), moins de 5 0/0 ou 118 750 000 £ ; ajoutant, pour plus ample explication, que la hausse dans le prix de l'argent « agissait comme une prime sur sa production ».

Il est évident que la prémisse supprimée de cet argument est que les quantités relatives des deux métaux varient toujours directement comme leurs valeurs ; mais dans cette hypothèse l'accroissement du stock de l'argent serait beaucoup plus grand que l'*Examiner* ne le prétend, puisque, d'après toutes les estimations sur la matière, le stock de l'argent qui existait en 1848, quand les découvertes de la Californie eurent lieu, était au moins de moitié plus grand que celui de l'or. Si donc la correspondance dans leurs valeurs indique une correspondance semblable dans leurs quantités relatives, au lieu d'une addition de 118 750 000 £ au stock d'argent existant auparavant, nous aurions une addition de £ 178 125 000, ou une production annuelle moyenne d'argent depuis 1848 d'environ 22 000 000 £.

Mais d'abord, la présomption d'une connexion constante entre la quantité et la valeur des métaux précieux est directement opposée à la doctrine que cet article se propose d'établir — à savoir, qu'un accroissement de production de l'or ne tend pas du tout à affecter sa valeur. L'écrivain commence par supposer que la valeur de l'argent doit être réglée par sa quantité, et il continue en prouvant que la quantité d'or ne peut avoir aucune influence sur sa valeur. L'or, nous dit-on, n'a pas baissé de valeur, nonobstant un accroissement dans sa quantité, et alors on prétend que l'argent doit avoir accru en quantité « pari passu » à l'or, ou autrement sa valeur ne serait pas tombée avec la valeur de l'or.

Si l'écrivain avait pris la peine de se référer aux statistiques qui sont utiles en l'espèce, il aurait peut-être eu une raison pour douter de la solidité de ses vues économiques. Si le lecteur se reporte au 6ᵉ volume de Tooke, *Histoire des prix*, appendice xxvi,

Il est étrange qu'une évidente *réduction à l'absurde* n'ait pas restreint de telles spéculations. La théorie s'applique à toute augmentation imaginable d'or. Le stimulant est représenté comme en proportion de l'accroissement de l'offre. En conséquence, pour grand que soit l'accroissement, dans le même degré le stimulant le sera, et dans le même degré sera donc le montant des richesses produites; et, comme pour la représentation de cette richesse l'or est absorbé, l'absorption se fera dans le même degré. D'après cette théorie donc, si l'or était produit en quantité assez grande pour être aussi abondant que le cuivre, ou mieux, s'il était aussi commun que le

il trouvera les indications de l'importation de l'argent provenant des différents pays de production pendant les huit dernières années, et les estimations d'après ces sources et d'autres de la production totale annuelle durant le même temps, sous une forme abrégée et commode. De ceci il résulte que la production annuelle de l'argent, qui, selon l'estimation de M. Chevalier, était de 8 720 000 £ en 1848 aura, selon l'opinion de M. Newmark, basée sur la statistique qu'il a donnée, monté environ à 12 000 000 £ pour l'année présente, ce qui équivaut à un accroissement d'environ 37 0/0 sur l'offre annuelle préalable, l'offre annuelle de l'or durant la même période ayant accru d'environ 300 0/0.

D'après les faits établis par M. de Humboldt et M. Chevalier, dans leurs traités sur la production des métaux précieux eu égard aux mines d'argent qui ne sont pas encore exploitées, au Mexique et au Pérou, aussi bien que par suite des récentes découvertes de mercure en Californie qui, comme cela doit être, réduisent si considérablement les frais de production de l'argent, il y a, semble-t-il, toute raison de supposer que la production de l'argent s'étendra avec rapidité et qu'ainsi la dépréciation continuant maintenant dans la valeur de l'or sera cachée par une dépréciation simultanée du métal auquel on a coutume de la comparer. Quant à la hausse dans le prix de l'argent, « agissant comme une prime sur sa production », c'est simplement l'erreur commune qui confond le prix et la valeur.

sable sur la plage, il n'en aurait pas moins autant de valeur que jamais, et une quantité donnée d'or commanderait encore la même quantité des autres choses.

Il est à regretter que l'écrivain ne nous ait pas la communiqué la notion qu'il a de la manière dont agit le stimulant de l'industrie et dont s'effectue l'absorption supposée. Le stimulant, semble-t-il, n'est pas senti, suivant la manière de voir proprement vulgaire, dans la hausse du prix : c'est pour cette raison, affirme-t-il, que l'or nouveau n'a aucune tendance à produire et cela ne se produit pas par un accroissement de demande, car cela se manifesterait seulement par une hausse de prix ; et il n'agit pas par une baisse dans le taux de l'intérêt, car il est notoire que, pendant les dernières années, le taux de l'intérêt a été élevé, tandis que, pour ce qui touche le mode d'action « de l'absorption », nous sommes également ment laissé dans l'ignorance (1).

(1) Comme autre exemple du genre de « solutions » dont se contentent ceux qui écrivent sur les questions économiques, prenez le passage suivant de l'*Economist*, 20 juin 1857, p. 682. L'auteur explique les principes qui règlent la distribution des métaux précieux. « Depuis l'origine de la société, et dans tous les pays, l'or et l'argent ont été employés comme monnaie. Ils sont, en fait, appelés par quelques écrivains monnaie naturelle. Si c'est là leur vraie description, ils doivent être distribués par les lois naturelles, et une nation ne peut pas en avoir plus qu'une autre, pas plus qu'un homme ne peut avoir plus d'air atmosphérique qu'un autre homme. L'Europe, généralement, est dans un état de civilisation qui fait de l'or le métal le plus commode pour sa frappe ; l'Asie, généralement, est dans un état de civilisation qui fait de l'argent le métal le plus commode pour sa frappe. L'Europe ne peut pas de toute possibilité avoir également tout l'or et tout l'argent. Si gloutonne qu'elle puisse être, si égarés du droit chemin que puissent être ses habitants par les vieilles théories

De tels essais pour expliquer les phénomènes économiques nous font ressouvenir des spéculations physiques des scolastiques. Dr Whewell mentionne une doctrine soutenue par ces philosophes qu'un vase plein de cendres contiendrait autant d'eau

sur les richesses, le désir de garder pour soi tout l'or et tout l'argent que la Providence envoie aux nations de la terre, ne peut pas se satisfaire ; et ainsi nous voyons les larges offres nouvelles de métaux précieux assez convenablement distribuées à tous. L'or vient d'Amérique et d'Australie en Europe ; et l'argent, déplacé par lui, va d'Europe en Asie, dans l'Inde, en Chine, répandant partout la monnaie naturelle. Ainsi, par la bonté de la Providence, les instruments utiles de la vie en société sont distribués par deux courants en des directions différentes sur toute la terre. L'homme est l'agent destiné à faire la distribution, mais il n'est pas conscient de tous les effets qu'il produit. »

Observez le raisonnement dans ce passage : L'or et l'argent ont été employés dans toutes les contrées comme monnaie ; ils ont été *appelés monnaie naturelle* ; (admettant la désignation comme correcte ce que fait l'écrivain), ils doivent donc être distribués par des lois naturelles ; c'est pourquoi une nation ne peut pas en avoir plus qu'une autre. Maintenant, en premier lieu, que l'or et l'argent sont distribués suivant des lois naturelles, cela ne peut pas dépendre du point de savoir s'ils ont été proprement appelés « monnaie naturelle ». Le papier crédit, par exemple, n'a jamais été appelé « monnaie naturelle », néanmoins il est régi par les lois naturelles aussi certainement que l'or et l'argent ; s'il n'en était pas ainsi, l'essai de régler la circulation du papier serait une absurdité. C'est seulement dans les choses qui sont régies par des lois naturelles connues de nous, en d'autres termes, c'est seulement autant que nous savons que certains effets procéderont de certaines causes, que nous pouvons espérer les contrôler.

Mais, en second lieu, on prétend que, parce que l'or et l'argent sont distribués par des lois naturelles, une nation ne peut pas en avoir plus qu'une autre, pas plus qu'un homme ne peut avoir plus d'air qu'un autre. En premier lieu, il n'est pas facile de voir quelle connexion il y a entre les « lois naturelles » et l'égale distribution des choses soumises à ces lois ; mais, en second lieu, il n'est pas vrai qu'une nation n'ait pas plus de métaux précieux qu'une autre : c'est d'une fausseté si palpable,

qu'un vase vide. La mystérieuse capacité d'absorption qui dans ce cas était attribuée aux cendres,
est, par l'économiste de l'*Examiner*, attribuée aux
richesses et à la population.

Dans l'Economie politique ou la science physique,

qu'il est à peine possible de croire que l'écrivain ait pu vouloir
dire ce qu'il affirme si distinctement. Qu'entend-il par ces mots
qu'une nation ne peut pas avoir plus de métaux précieux qu'une
autre? Entend-il que la part de chacune est en proportion de sa
population? ou en proportion de son commerce? La doctrine
n'est pas plus vraie dans un sens que dans l'autre? Le commerce de l'Angleterre est de beaucoup plus grand que celui de
la France, mais la quantité de métaux précieux en France est
plus grande qu'en Angleterre; et la quantité dans l'Inde, en
proportion de son commerce, est incommensurablement plus
grande qu'en Angleterre, ou qu'en France. Le rapport des métaux
précieux à la population n'est pas plus constant que leur rapport
au commerce. Dira-t-on que ce que l'on entendait, c'est que les
métaux précieux sont distribués entre les différentes nations du
monde *en proportion du besoin qu'elles en ont?* C'est vrai, mais
donner ceci comme l'expression du principe suivant lequel la distribution a lieu, c'est montrer que l'écrivain ne comprend pas en
quoi consiste la solution d'un problème économique. Adopter
la démonstration propre à cet écrivain ce serait faire juste
comme une personne à qui l'on demanderait selon quel principe
l'air se distribue sur le globe et qui répondrait que l'air se
distribue selon le degré de pression qu'il exerce sur le globe.
Ce que nous désirons connaître, c'est dans un cas *quelles* sont les
conditions qui produisent la pression dont dépend la dispersion
de l'atmosphère ; et dans un autre, *quels* sont ces besoins qui déterminent la distribution des métaux précieux — nous avons
besoin de connaître, en résumé, *quels* sont les principes de la nature humaine qui, opérant sur *quels* faits extérieurs, produisent
le résultat que nous voyons.

Voilà ce qu'il en est pour les métaux précieux en général.
Quant aux métaux en particulier, on nous dit que l'argent va en
Asie, tandis que l'or reste en Europe, parce que l'Europe est
dans un état de civilisation qui fait que l'or est le métal le plus
commode pour sa frappe, tandis que l'Asie est dans un état de
civilisation qui fait que l'argent est le métal le plus commode
pour sa frappe. Or il est certain qu'aucun changement important n'a eu lieu dans la civilisation relative de l'Europe et de

avant de procéder à l'explication du phénomène, il est bon de s'assurer de son existence. Ce point préliminaire étant établi, le problème doit se résoudre non par des phrases vagues et des suppositions générales, mais par la réduction du phénomène aux principes ultimes de la science à laquelle il appartient ; dans le cas de l'Économie politique, ce sont certaines propensions connues de la nature humaine et certains faits établis du monde extérieur.

l'Asie et, nous pouvons ajouter, de l'Amérique durant les dix dernières années. Si le principe, dès lors, était bon, il y a longtemps que l'argent aurait été déplacé en Europe ; et puisque la « civilisation » de l'Amérique a été également en avance sur les nations orientales, l'argent n'aurait jamais été là la principale monnaie courante. Mais l'argent a été la principale monnaie courante en France et en Amérique à la fois jusque récemment, et il pourrait encore l'être en dépit de leur « civilisation » si leurs réglementations monétaires tendaient ainsi à le régler.

Si l'écrivain de ce passage avait une claire conception de ce que l'Economie politique se propose, l'exposé des phénomènes des richesses en remontant aux motifs humains définis et aux faits extérieurs assurés, il se serait difficilement contenté d'une explication comme celle que nous avons citée, qui, dans le vague de sa phraséologie et la lâcheté du raisonnement, est beaucoup plus proche des concetti puérils et des jeux de mots de la scolastique que de la rigueur et de la précision de pensées qu'exige la science moderne.

CONFÉRENCE VI

DE LA PLACE ET DU BUT DE LA DÉFINITION DANS L'ÉCONOMIE POLITIQUE

1. — La définition dans une science positive comprend deux
   opérations : la classification et la terminologie.
   Difficultés préliminaires.
   Comment les traiter ?
2. — Danger d'une trop grande rigidité dans la nomenclature.
   Sir John Herschell.
   La rareté des définitions dans les écrits des premiers auteurs en Economie politique est le résultat d'une sage
   discrétion.
   Dans le présent état de la science, les définitions sont nécessaires.
3. — L'objection à une définition « qu'elle est fondée sur un
   attribut qui admet des degrés » est sans valeur.
4. — Aphorisme de M. Mill, concernant la règle qui nous guide-
   rait dans le choix d'une nomenclature.
   Une nomenclature en Economie politique doit être significative.
   Une nomenclature chimique à la fois significative et technique.
   Jusqu'où une semblable perfection peut être atteinte par
   l'Economie politique dans sa nomenclature.
   Double remède à des défauts inévitables.
5. — Résultats généraux de la discussion.

1. — La présente conférence sera une occasion
convenable pour présenter quelques remarques sur la

place et le but de la définition en Economie politique. Ici, comme dans toutes les entreprises scientifiques qui comprennent dans leur examen des faits et objets d'une grande variété, un arrangement de ces faits et de ces objets en classes, d'après les relations et les affinités qui, dans leurs rapports avec les fins d'une recherche particulière se trouvent être les plus importantes, est une aide indispensable dans ces investigations ; et une fois les phénomènes classés, les groupes divers ont besoin d'être marqués de noms distincts. Ces deux opérations constituent le procédé de la définition dans la science positive. Des deux, il est à peine nécessaire de le dire, la première, la classification, est incomparablement la plus importante, comme c'est de beaucoup l'opération la plus difficile. Comme on vient de le démontrer, le problème que cette question implique consiste à arranger les phénomènes compris dans la recherche particulière suivant les relations et les affinités les plus importantes dans leurs rapports avec le dessein que l'on se propose. Une difficulté cependant se présente à nous ici dès l'abord. Car, pour une telle opération, une connaissance de ces relations et de ces affinités et de leur importance comparative dans l'enquête est pleinement indispensable ; mais c'est précisément ce qu'un homme qui étudie la nature, — peu importe le département de l'enquête — ne peut absolument posséder dès le début de son entreprise. Qu'y a-t-il donc à faire? Simplement ce que les circonstances du cas prescrivent : adopter quelque arrangement grossier provisoire, tel qu'en suggère l'apparence superficielle des choses, en pensant à la fin et au but de l'enquête ; et puis au fur et à mesure que, au cours de l'investigation de nouvelles relations sont mises en lumière et que des distinctions plus importantes se découvrent, employer la notion ainsi élargie à corriger et à amender le plan original. Telles sont les conditions nécessaires dans lesquelles toute nouvelle enquête doit être conduite ; il s'ensuit que la classification, excepté par pur accident, ne peut, dans les premières phases de la science positive, être qu'extrêmement imparfaite ; il s'ensuit secondement que les hommes qui étudient une telle science, doivent être préparés à la nécessité de modifier constamment leurs classifications et, par conséquent, leurs définitions au fur et à mesure des progrès de leurs connaissances, afin de les mettre en correspondance avec les vues plus larges et les idées plus exactes que ce progrès implique ; et ils ne peuvent jamais être sûrs que leurs arrangements soient définitifs, tant du moins que leur science n'a pas atteint la perfection absolue.

2. — « La nomenclature, à un point de vue systématique », dit sir John Herschell (pp. 138-139, « est autant, peut-être plus, une conséquence qu'une cause de l'extension de la connaissance. Chacun peut donner un nom arbitraire à une chose, simplement pour pouvoir en parler : mais pour donner un nom qui mettra immédiatement la chose à sa place dans un système, il nous faut connaître ses propriétés ; et il nous faut avoir un système assez large et assez régulier pour recevoir la chose à la place qui lui convient, et non à une autre. Il paraît donc douteux qu'il

soit désirable, pour le but essentiel de la science, d'insister avec un raffinement extrême pour arriver à une nomenclature systématique. Si la science était parfaite, on pourrait alors souscrire aux systèmes de classification qui assigneraient à chaque objet de la nature une place dans une certaine classe, à laquelle il appartiendrait d'une façon plus remarquable et plus prédominante qu'à toute autre, et dans laquelle il pourrait acquérir un nom qui ne serait jamais, dans la suite, sujet à changer. Mais tant que ce ne sera pas le cas et qu'on découvrira journellement de nouveaux rapports, nous devons être fort prudents dans la façon sévère dont nous irsistons sur l'établissement et l'extension de classe, qui ont en elles quelque chose d'artificiel en tant que base d'une nomenclature rigide, et spécialement sur la façon dont nous prenons les moyens pour la fin et dont nous sacrifions la convention et la netteté à une rage d'arrangement. »

Or, tout ceci est tout aussi applicable à l'Economie politique qu'à toute science physique. Les premiers qui ont recherché les lois de la production et de la distribution des richesses ne pouvaient connaître au début de leur enquête l'arrangement des faits et des objets formant le sujet et la matière de leur problème qui conduirait le mieux à la solution. Ils ne pouvaient donc adopter que l'arrangement qui, pour le moment, promettait le plus, et, préalablement aux recherches scientifiques des phénomènes, ce devaient naturellement être les classifications mêmes que les discussions populaires sur les affaires politiques et sociales avaient rendues familières. Mais au fur et à mesure des progrès de ces recherches, et de l'apparition des rapports les plus fondamentaux des choses au point de vue économique, on sentit la nécessité de disposer autrement les phénomènes et de modifier d'une façon correspondante le langage économique ; et c'est ainsi qu'on en vint à employer les termes économiques dans des sens tantôt plus étroits, tantôt plus étendus que l'usage populaire. Il en résulte donc évidemment que cette grande élaboration de définitions, en tout cas dans les premiers stades des recherches, est une faute. Ce n'est pas seulement, pour la plus grande partie, un travail perdu, car une enquête ultérieure fournira selon toute probabilité des raisons pour modifier les classifications antérieures, pour soigneusement tracées qu'elles soient ; mais, comme sir John Herschell l'affirme pour la science physique, une définition peut même agir comme un obstacle positif au progrès de la science, car elle donne une rigidité artificielle à la nomenclature à un moment où sa flexibilité et son élasticité sont de toute première importance. Il se trouvera, en conséquence, que les écrivains qui ont le plus fait pour l'économie politique dans ses premiers stades, se sont peu inquiétés des définitions. Le nombre des définitions, par exemple, que l'on peut relever dans les écrits économiques de Turgot, d'Adam Smith, de Ricardo, pourrait se compter sur les doigts. Ce n'est point cependant un argument contre l'introduction graduelle d'une nomenclature scientifique dans cette science, attendu que le progrès de notre connaissance révèle la nécessité de prendre note des conditions assez naturellement négligées dans les premiers essais d'interprétation. Une telle nomenclature sert à une double fin : elle devient un jalon servant à mesurer les progrès effectivement accomplis, et elle constitue un cadre ou un échafaudage dont les constructeurs pourront se servir pour élever davantage l'édifice. Nous disons « un échafaudage », parce qu'il faut toujours se souvenir que, dans l'Economie politique, comme dans toutes.les sciences positives, la nomenclature est un « échafaudage » et non une base, partant, une partie de l'œuvre que nous devons être toujours prêts à modifier ou à rejeter aussitôt qu'elle s'oppose aux progrès de la construction.

Nous venons de remarquer que Ricardo a donné peu de définitions, mais sans doute il a poussé la science à un point où les définitions devenaient absolument nécessaires. Cette lacune, ses successeurs ont essayé de la combler, non pas toujours, à notre avis, avec une juste idée du but que devrait remplir une définition dans une science progressive. Nous sommes fort éloignés de penser que l'Economie politique ait, dès maintenant, atteint un stade qui permettrait d'établir une nomenclature complète, — une nomenclature ayant quelque prétention à être définitive, — ou qui en justifierait l'essai : mais peut-être avons-nous atteint un point auquel il est utile d'essayer de la préciser en donnant un cadre à ses conceptions essentielles. Même ici, cependant, on doit admettre que la science est encore loin d'avoir dit son dernier mot; et en conséquence, même ici, nos définitions doivent encore être considérées comme provisoires seulement, comme susceptibles de modification, ou, voire même, entièrement mises de côté, selon les exigences des progrès de la science.

3. — Sur ce qui a rapport au sujet de la classification, on doit faire encore une remarque. Dans les discussions sur les définitions, rien n'est plus commun que de rencontrer des objections fondées sur la supposition que l'attribut formant le pivot de la définition doit être un attribut qui n'admet pas de degrés. Cela posé, le contradicteur s'efforce ensuite de montrer que les faits ou les objets se trouvant à la limite de quelque définition à laquelle une exception est faite, ne peuvent pas, dans leurs cas extrêmes, être distingués clairement des faits ou objets en dehors de cette ligne. On prend alors quelque exemple équivoque, et on défie celui qui soutient la définition de dire dans quelle catégorie il doit rentrer. Or, il nous semble qu'une objection de cette nature ne tient aucun compte des conditions nécessaires à l'établissement d'une nomenclature scientifique, aussi bien dans l'Économie politique que dans toutes les sciences positives. Dans ces sciences, la nomenclature, et par suite la définition, est basée sur la classification ; et admettre des degrés constitue le caractère de tous les faits naturels. Comme on l'a dit, il n'y a pas de séparations rigoureuses dans la nature. Entre le règne animal et le règne végétal, par exemple, où est la ligne de démarcation ? Les végétaux seulement, il est vrai, décomposent l'acide carbonique, mais cependant tous les végétaux (par exemple les champignons qui tirent leur carbone en

se nourrissant d'autres végétaux et quelques plantes parasites) ne font pas ainsi. Quelques végétaux ont un système de locomotion comme les animaux ; et encore les plus basses classes des animaux n'ont ni nerfs ni muscles. « Si alors », dit M. Murphy (1) « les végétaux ont un système de locomotion comme les animaux, et s'il y a des tribus entières de végétaux qui, comme les animaux, ne décomposent pas l'acide carbonique, et si la plus basse classe des animaux n'a ni muscles, ni nerfs, quelle est la distinction entre les règnes? Nous répliquons que nous ne croyons pas qu'il y ait une distinction absolue ou certaine, quelle qu'elle soit. » Les objets et les faits extérieurs se distinguent les uns des autres par d'imperceptibles différences, et, en conséquence, les définitions dont le but est de classifier de tels objets et de tels faits doivent nécessairement être fondées sur des circonstances qui participent de ce caractère. L'objection provient de l'hypothèse qu'il y a dans la nature des groupes aussi clairement distincts les uns des autres que le sont les idées mentales formulées par nos définitions ; de sorte que là où nous avons une définition, la frontière de la définition a sa contre-partie dans les faits extérieurs. Mais c'est une il-lusion. Il n'existe pas de divisions aussi clairement tranchées dans l'univers réel ; et si nous les imagi-nons dans nos classifications, nous conserverons dans notre esprit l'idée qu'elles ne sont, après tout, que des fictions, des expédients indispensables en fait et rendus nécessaires par la faiblesse de l'intellect

(1) *L'habitude et l'intelligence*, par J.-J. MURPHY, vol. I, p. 103.

humain, qui est incapable de contempler et de saisir la nature en sa totalité, mais n'ayant aucun pendant dans la réalité des choses. Ne laissons pas toutefois de malentendu. Nous disons que nos classifications sont des fictions, mais si elles sont solides ce sont des fictions fondées sur des faits. Les distinctions formulées dans la définition de la classe ont une réelle existence, quoique les faits ou les objets situés de chaque côté de la ligne, et revêtant des attributs distincts, se fondent les uns dans les autres par d'imperceptibles degrés. L'élément de fiction repose, non sur les qualités attribuées aux choses définies, mais sur la supposition que les objets possédant ces qualités sont, par nature, clairement distincts de ceux qui en sont dépourvus. Ce n'est donc pas une forte objection à la classification ni par conséquent à la définition qui est fondée sur elle, qu'il puisse se trouver des cas tombant ou semblant tomber sur nos lignes de démarcation. C'est inévitable dans la nature des choses. Mais nonobstant cela, la classification (et par suite la définition) est bonne si, dans les cas qui ne *tombent pas* sur la ligne, les distinctions marquées par la définition sont, somme toute, d'une importance remarquable, telles que leur reconnaissance aidera à pousser l'enquête vers le but désiré.

4. — L'autre partie du procédé de la définition est la terminologie, qui, quoique moins importante que la classification, est encore loin d'être sans portée sérieuse sur l'heureuse mise en culture de la connaissance positive. Sur ce sujet, voici un grave apho-

risme posé par M. Mill qui mérite notre considération.

« Toutes les fois que la nature du sujet permet de conduire le raisonnement mécaniquement, le langage doit être aussi mécanique que possible : dans le cas contraire, il doit être fait de manière qu'il ne puisse se prêter que très difficilement à un emploi purement mécanique (1). »

Maintenant dans laquelle des catégories ici indiquées l'Economie politique doit-elle, eu égard à la nature de son sujet, être considérée comme devant rentrer? Dans la catégorie où notre procédé de raisonnement peut se produire mécaniquement sans danger, et où la langue devrait être établie suivant des principes aussi mécaniques que possibles; ou dans celle dans laquelle la langue devrait être établie suivant le principe opposé, et en empêcher l'emploi, autant que possible, d'une manière purement mécanique? Nous n'avons pas d'hésitation à dire que l'Economie politique appartient au premier chef au groupe des études où les procédés de raisonnement ne peuvent être employés mécaniquement sans le plus grave danger, et où, en conséquence, la règle posée dans la dernière partie de l'aphorisme qui vient d'être cité pour la construction d'une nomenclature doit être observée. Le sujet a été discuté par M. Mill dans sa plus large portée, en son chapitre sur les exigences de la langue philosophique, et il n'est donc pas nécessaire d'entrer ici dans de grands développements. Mais si l'on élevait un doute sur la valeur de cette position, nous demanderions qu'on

(1) *Logique*, liv. IV, ch. vi, § 6.

réfléchit sur les procédés mentaux qui servent à établir les vérités économiques. Qu'on suive les étapes de la preuve dans un cas réel quelconque, et nous pensons qu'on trouvera que, pour raisonner justement il importe, avant tout, que celui qui raisonne embrasse à tout instant, aussi complètement que possible, les circonstances concrètes réelles désignées par les termes qu'il emploie. On trouvera que c'est généralement selon la mesure où cela aura été fait que le raisonnement économique aboutira à des résultats d'une réelle valeur; c'est, au contraire, à la négligence que l'on a mise à observer cette condition qu'on peut attribuer une proportion considérable des erreurs qui ont marqué la conduite des recherches économiques. Nous tenons donc qu'il est de la plus haute importance, non seulement en Economie politique, mais en tout domaine social, que les termes de notre nomenclature servent, autant que possible, de signes constants indiquant la nature des objets concrets qu'ils servent à désigner, et que, dans ce but, pour emprunter le langage de M. Mill : on devrait donner autant d'attention que possible à la formation des termes économiques, « en se servant de la dérivation et de l'analogie pour donner un vif sentiment de tout ce qu'ils signifient ».

On illustrera en même temps les ressources à la disposition de l'économiste à ce point de vue, et également les difficultés spéciales dont souffre l'Economie politique en matière de définition, en s'attachant un moment au cas de la science physique qui offre le plus parfait exemple d'une nomenclature reposant sur les principes que nous avons en vue. C'est la chimie que je veux dire, dans laquelle la nomenclature est en même temps significative et technique — significative, en tant que ses termes sont composés d'éléments tirés de langues mortes ou vivantes qui présentent leur sens original dans leur nouvelle acception; et technique, en tant que dans leur vraie forme, ils sont seulement employés comme membres d'une nomenclature scientifique. Des mots tels que oxygène, hydrogène, carbonate de chaux, oxyde de fer sont tous pleins de sens. Mais ils ne sont jamais employés que pour exprimer certains éléments ou certaines combinaisons chimiques connues. De l'union de ces deux qualités de sens et de technique dans sa terminologie, il résulte un avantage immense pour la science chimique : ses termes ont, en effet, le pouvoir de rappeler avec une grande netteté les objets concrets qu'on a l'intention de désigner : établis spécialement pour désigner ces objets, et jamais usités dans le langage courant, ils sont libres de toute association qui jetterait dans la confusion ou dans l'erreur ceux qui les emploient ou ceux qui les entendent. Il s'agit alors de considérer jusqu'à quel point il est possible d'établir pour l'Économie politique une terminologie qui remplisse les mêmes fins que la terminologie dans la chimie. Il nous semble qu'on peut atteindre ce résultat jusqu'à un certain point, mais seulement jusqu'à un certain point; et que, une fois tout ce travail fait, la langue technique de l'Économie politique doit toujours être très loin de la perfection atteinte par la terminologie de la science chimique. En arrivant à cette conclusion, nous admettons comme établi que les termes techniques de l'Economie politique doivent être tirés de la langue populaire et cela, non pas seulement en ce qui regarde leurs éléments, comme cela a lieu pour la chimie, mais, pour ainsi dire, en corps et dans la plénitude de leurs formes. Eût-il été à un certain moment possible de construire une nomenclature économique sur le plan adopté dans la chimie ? Cette question n'est peut-être pas digne de considération. La science a, en fait, été développée par le concours de la langue populaire. C'est grâce à celle-ci que se sont produites les idées de tous les grands penseurs, c'est l'aspect sous lequel le monde est familier avec elles : et il est maintenant évidemment trop tard, n'y eût-il pas même d'autre considération contraire, pour penser à rejeter ses doctrines dans de nouveaux moules. Des mots tels que production, distribution, échange, valeur, frais, travail, épargne, capital, profit, intérêts, salaires doivent maintenant bon gré mal gré faire désormais partie de la nomenclature économique, et ceux-ci ont été tirés sous leur forme présente de la langue nationale et sont d'un usage constant dans le langage populaire. En ce qui a trait à ces mots, ils sont assez capables de remplir la première des deux fonctions remplies par la nomenclature en chimie, c'est-à-dire, d'évoquer toujours, en les supposant employés avec réflexion, des faits et des objets concrets avec une vivacité suffisante. La difficulté vient de leur inaptitude au second besoin requis d'eux, qui consiste à présenter à l'esprit les faits et les objets exacts, ni plus ni moins, que nous désirons indiquer.

Car voici la situation : L'économiste trouve nécessaire, pour les raisons qui ont été établies cidessus, d'arranger les phénomènes de la richesse par classes suivant un certain principe, ce principe consistant, en fait, en ce qui convenait à ses propres recherches ; et il lui faut, pour les classes ainsi constituées, trouver des noms dans les termes de la langue populaire. Mais la langue populaire n'a pas été modelée pour s'adapter aux exigences de la spéculation économique, mais dans un tout autre but. Ses distinctions et ses classifications ne coïncident ni généralement ni toujours avec celles qui sont les plus importantes pour l'élucidation de l'économie des richesses, et même là où cette correspondance est d'une justesse tolérable, un terme en usage constant dans le discours ordinaire rassemble d'une manière inévitable *autour de lui* un vague parfum d'associations, qui assurément suggèrent, en des cas particuliers, des idées sans aucun rapport réel avec les desseins de la recherche scientifique, et qui ne peuvent qu'entraver la marche du raisonnement. Cette précision de sens, donc, si évidente dans la nomenclature de la chimie, et en général des sciences physiques, est impossible à atteindre en Économie politique. Sa nomenclature satisfait, en vérité, une condition : celle de l'abondance du sens. Elle a une plus grande vivacité que la nomenclature de la chimie même pour évoquer les choses concrètes désignées par ses termes ; mais cet avantage est fortement payé par la perte de la précision, par le caractère vague et incertain de la délimitation dont ses mots les plus importants doivent être réellement l'objet. Le remède, autant qu'un remède est possible, semble être de deux sortes : en premier lieu, tenir nos définitions des termes économiques aussi près de l'usage de la langue courante que le réclament les exigences d'une classification correcte. Les termes doivent, en vérité, çà et là, être forcés pour exprimer les sens et subir les délimitations que dans le discours ordinaire ils n'expriment pas ou ne comportent pas, puisque autrement les fins de la classification seraient sacrifiées: ce n'est donc pas une objection concluante que l'on puisse opposer à la définition économique que de constater qu'elle ne coïncide pas exactement avec l'usage populaire. Mais néanmoins, il devrait être pleinement reconnu que de telles déviations constituent un démérite en définition et qui peut devenir sérieux. Le second remède contre le mal est la clarté et la netteté de la définition quand il s'agit de l'emploi de termes importants, en ayant bien soin, quand le sens économique diffère du sens populaire, de mettre aussi fortement que possible en relief les points de différence; avec cette précaution on peut utilement combiner la pratique de recourir de temps en temps à une note, là où le contexte serait en danger de suggérer le sens plutôt populaire que scientifique.

5. — Nous pouvons maintenant résumer les résultats généraux de la discussion précédente.

1° La première qualité nécessaire à une bonne définition en Economie politique est de marquer les distinctions des faits et des objets qu'il est important de marquer en vue d'élucider les phénomènes des richesses; et notre nomenclature sera bonne ou mauvaise, elle nous aidera ou nous gênera selon qu'elle coïncidera avec des distinctions réelles et appropriées, ou qu'elle en établira d'autres arbitraires, fantaisistes ou inapplicables.

2° Autant qu'il est possible de satisfaire aux conditions précédentes, on doit employer les termes économiques aussi près que possible de leur sens populaire ; quoique, comme en s'en tenant strictement à l'usage populaire on ne peut remplir les exigences d'une classification solide, la simple circonstance d'une déviation à l'usage populaire ne constitue pas d'objection concluante à une définition économique.

3° Ce n'est pas une objection valable à une définition économique que l'attribut sur lequel elle repose se trouve susceptible de degrés dans ses sens concrets. C'est une conséquence inévitable de la nature du phénomène.

4° Les définitions dans l'état présent de la science économique doivent être regardées comme provisoires seulement, et l'on peut s'attendre à ce qu'elles nécessitent sans cesse des révisions et des modifications au fur et à mesure des progrès de la science économique. Les définitions de l'Economie politique sont donc progressives. Une nomenclature complète prétendant à être définitive serait à présent prématurée ; et si elle était réglée, et généralement acceptée, elle constituerait probablement un obstacle. Mais le temps est venu où on peut donner utilement aux conceptions les plus fondamentales une précision plus grande en sous-entendant toujours qu'elles doivent être considérées, elles aussi, comme provisoires.

CONFÉRENCE VII

DE LA DOCTRINE MALTHUSIENNE DE LA POPULATION

1. — Exposition de la doctrine de Malthus.
   Procédé logique par lequel Malthus l'a établie.
   Note : on examine l'objection que la doctrine, bien que
   vraie par abstraction, est sans importance pratique.
2. — Conséquences importantes, théoriques et pratiques, découlant de la doctrine.
   (Note : faux exposés de Malthus.)
3. — Examen de l'argument de M. Rickards contre la position
   de Malthus.
   L'objection faite n'est pas incompatible avec ce qu'il y a
   de vrai dans l'opinion de Malthus.
   D'autre part, les conclusions combattues par M. Rickards
   auraient pu être acceptées par Malthus.
   Le point litigieux dans les propositions respectives de
   Malthus et de son critique a donc trait non à la vérité,
   mais à la justesse de leurs idées par rapport aux fins
   économiques.
   Examen de la doctrine de M. Rickards relative à la prédominance naturelle de la force de production sur la force
   de population.
4. — Nouvelle preuve de l'inapplicabilité de l'argument de M. Rickards fournie par ses maximes pratiques, qui sont en
   fait malthusiennes.
   La doctrine de Malthus accusée d'impliquer un « calcul »
   pour l'adaptation erronée des moyens aux fins dans la
   disposition de l'univers.

1. — Nous faisions allusion dans la leçon d'ouverture de ce cours à la condition actuellement indécise

et peu satisfaisante de l'Economie politique au point
de vue de quelques-uns de ses principes fondamentaux, attribuant cet état de choses, comme vous vous
le rappellerez probablement, aux idées confuses et
non scientifiques qui prédominent en ce qui regarde
le caractère des doctrines économiques, et le genre
de preuves qui servent à les soutenir ou à les réfuter. Cela nous a conduit dans les conférences suivantes à expliquer et à illustrer avec quelque longueur le caractère et la méthode de la science. Nous
nous proposons maintenant d'affirmer l'importance
des arguments sur lesquels nous avons insisté en
montrant, dans le cas de quelques doctrines fondamentales, de quelle manière les idées non scientifiques en ce qui concerne la nature et la méthode de
la science ont agi en produisant les différences d'opinions que j'ai visées.

L'une de ces doctrines que nous concevons comme
tout à fait fondamentale en Economie politique,
quoiqu'elle ait été attaquée et rediscutée dans de récentes publications, est celle de la population telle
qu'elle a été établie par Malthus. Il serait sans doute
tout à fait impossible, en une seule conférence, de
noter, et *à fortiori* de répondre d'une manière satisfaisante à toutes les diverses objections qui ont été
dans le temps passé ou qui peuvent être encore élevées contre cette doctrine ; et ce ne serait pas nécessaire, en admettant que ce fût possible, la plupart
d'entr'elles ayant reçu la réponse qu'elles méritent
de Malthus lui-même ou d'écrivains postérieurs.
Nous nous bornerons donc à celles qui, soit par suite
de leur nouveauté, soit par suite du fait qu'elles ont

été récemment soutenues par quelques économistes éminents, soit par suite de leur caractère logique, conviendront le mieux à l'objet que avons en vue, l'illustration de la méthode économique.

Afin cependant que vous appréciiez la force de ces objections, il sera nécessaire pour nous d'exposer la doctrine contre laquelle elles ont été avancées.

La célèbre doctrine malthusienne a pour but de démontrer qu'il y a une « tendance constante de tous les êtres animés à se multiplier au delà des subsistances préparées pour eux » : ou, dans un rapport plus particulier à la race humaine, que « la population tend à s'accroître plus rapidement que les subsistances ». Par suite de ce que nous avons déjà dit du caractère de la loi économique, aussi bien que par suite des termes de la proposition elle-même, vous comprendrez de suite qu'on ne prétend pas ici que la population *en fait* s'accroisse plus vite que les subsistances ; ce serait impossible naturellement au point de vue physique. Vous comprendrez également que cette proposition n'est pas inconciliable avec la doctrine que la subsistance s'accroîtrait de fait beaucoup plus rapidement que la population. Peut-être également vaut-il la peine de remarquer que la doctrine, telle qu'elle a été exposée par Malthus, n'est pas exprimée d'une façon irréprochable. La phrase : « la population tend à s'accroître plus vite que les subsistances » est elliptique, et le moyen naturel de suppléer à l'ellipse serait de la lire comme il suit : « et la population tend à s'accroître plus rapidement que la subsistance ne tend à s'accroître ». Mais ce n'est pas observer la propriété des termes que de dire que « la subsistance tend à s'accroître ». Nous mentionnons cette inexactitude de mots, non que nous croyions problable qu'elle puisse égarer quelque lecteur impartial ou intelligent, mais parce que nous avons trouvé des écrivains antimalthusiens pour y insister. Mais, trève à cette chicane de mots, ce que Malthus a affirmé, et ce qu'il se propose de prouver dans son essai, c'est ceci : eu égard aux pouvoirs et aux propensions de la nature humaine, dont dépend l'accroissement de l'espèce, il y a une tendance constante dans les êtres humains à se multiplier plus vite, que les moyens de subsistance ne sont capables de s'accroître, eu égard aux circonstances réelles du monde extérieur, et au pouvoir que l'homme peut exercer sur les ressources à sa disposition.

Le raisonnement par lequel Malthus établit cette proposition était le suivant : il lui fallait d'abord s'assurer de l'aptitude et de la disposition à s'accroître inhérentes au genre humain ; en d'autres termes, de la force naturelle du principe de la population. Or, afin de découvrir le caractère réel d'un principe donné, la véritable méthode consiste évidemment à considérer ce principe tel qu'il agit quand il n'est pas entravé par les principes d'une tendance opposée. Malthus prit donc un exemple dans lequel les conditions extérieures étaient aussi favorables que possible à l'action absolument libre du principe de population. Tel était le cas des nouvelles colonies, où une population avec toutes les ressources de la civilisation à sa disposition était mise en contact avec un sol nouveau et vierge. Dans ces colonies, il trouva que la population, provenant des facteurs intérieurs seuls, abstraction faite de l'émigration, doublait fréquemment en vingt-cinq ans (1). Ce taux d'accroissement était évidemment dû non à quelque chose de particulier ou d'anormal dans la constitution physique ou mentale des habitants de ces pays, mais bien au caractère favorable des circonstances extérieures dans lesquelles le principe de population était mis en jeu. Il concluait de là que le taux d'accroissement suivant lequel la population double en vingt-cinq ans, représente la force naturelle du principe, le taux suivant lequel la population *tend* toujours à s'accroître, le taux suivant lequel, si elle n'est pas contenue par des principes d'un caractère opposé ou par l'incapacité physique de soutenir la vie, la population croîtra toujours.

. D'autre part, en regardant les moyens mis à la disposition de l'homme pour obtenir les subsistances, Malthus trouva qu'il était physiquement impossible que les subsistances pussent s'accroître suivant ce taux. La surface du globe est limitée ; les portions qui en sont susceptibles de culture et qui sont accessibles aux entreprises humaines sont encore plus limitées ; et la difficulté d'obtenir de la nourriture

(1) Comme spécimen de l'information que certains auteurs ont montrée dans leurs critiques de Malthus, prenez le passage suivant de l'*Histoire de l'Economie politique* de Blanqui. — « Le choix que Malthus fait de l'Amérique, où la population double tous les vingt-cinq ans, n'est pas plus concluant que celui de la Suède, où, selon M. Godwin, elle ne double que tous les cent ans. Les sociétés ne procèdent point ainsi par périodes régulières, comme les astres et les saisons, etc ».

tirée d'une superficie limitée s'accroît à mesure que s'accroît la quantité qui en est retirée (1). Si par exemple 40 000 000 de quartiers de blé sont produits par an actuellement dans le Royaume-Uni, on pourrait au bout de 25 ans, grâce à l'amélioration des pro-

(1) Contre cette opinion on fait valoir que, si vraie que la proposition puisse être en tant que proposition abstraite, cependant eu égard à la réalité des choses, c'est-à-dire à l'accroissement dans les offres de nourriture que même les contrées les plus avancées dans le progrès des systèmes d'agriculture sont capables de fournir, aussi bien que les vastes districts de l'Amérique, de la Nouvelle-Zélande et de partout ailleurs, qui restent à cultiver, la doctrine doit, pour les âges à venir, être dépourvue de toute signification pratique. Dans une Revue du Paraguay, du Brésil et de la Plata de Mansfield, dans le *Frazer's Magasine* (Nov. 1856), l'auteur, après avoir fait plus que de dénaturer comme d'habitude les vues de Malthus, présente l'objection de la manière suivante :

« Pendant ce temps les hommes vraiment pratiques étaient là, riant amèrement, des hommes tels que l'auteur du livre qui est maintenant devant nous : des voyageurs, des géographes, des hommes de science expérimentés qui prirent la peine, avant de décider de ce qui pourrait être, de découvrir ce qui était, et, pour ainsi dire, qui « éprouvaient » la terre et ses capacités avant de dogmatiser sur le sort futur de ses habitants. Que signifie, demandèrent-ils, dans leur pâle étonnement, au nom de la géographie et du sens commun, que signifie cette bruyante querelle ? Quel droit a-t-on de dogmatiser sur l'avenir de l'humanité, quand de beaucoup la plus grande partie du globe reste encore à enlever aux bêtes sauvages et aux chasseurs sauvages ? Si l'agriculture scientifique est trop coûteuse, n'y a-t-il pas assez de place sur la terre pour une exploitation peu scientifique et si à bon marché qu'elle soit, qui supporterait bien des fois une population supérieure à la population présente ? Qu'importe, sauf comme question d'expédient temporaire, que l'Angleterre puisse être rendue capable de donner trente-trois boisseaux de froment par acre au lieu de trente et un, par quelque mise de fonds d'une rémunération aléatoire, tandis que le cultivateur du Texas, sans autre capital que ses deux mains, produit quatre-vingts boisseaux à l'acre. Vos dissertations sur « la marge de la productivité » sont intéressantes, curieuses, probablement

cédés de l'agriculture, les élever à 80 000 000 de quartiers par an ; on peut peut-être concevoir que, en forçant au plus haut degré chaque coin de terre susceptible de culture dans le royaume, au bout de 25 ans, on pourrait atteindre à 160 000 000 de quar-

exactes, valables pour de vieilles contrées, mais nulle part ailleurs. Car la question de savoir si les hommes vivront ou même s'ils naîtront, doit-elle être réglée par ces recherches ? En vérité, tandis que la vallée d'Ottawa peut produire assez de blé pour en approvisionner toute l'Angleterre, la vallée du Mississipi pour toute l'Europe ? Tandis que l'Australie est une forêt, au lieu d'être, comme elle sera un jour, le vignoble du monde ? Tandis que la Nouvelle-Zélande et les Falklands sont encore déserts ; et que la Polynésie, qui peut devenir la Grèce du Nouveau-Monde, est pire qu'un désert ? Tandis que le Nébraska à lui seul est capable de subvenir à une population égale à la France et à l'Espagne ensemble ? Tandis que dans le Vieux-Monde, dans l'Asie-Mineure, autrefois le jardin de la vieille Rome, s'étend un désert aux mains d'Ottomans lâches et paresseux ? Tandis que les tropiques produisent presque spontanément une centaine d'articles précieux de nourriture, et l'on néglige jusqu'ici presque complètement toute culture du coton et du sucre ? Et finalement, demande M. Mansfield dans son ouvrage, tandis que l'Amérique du Sud seule contient un territoire de quelque huit cents millions de milles carrées, égal au moins à l'Egypte par son climat, et surpassant l'Angleterre par sa fertilité, d'accès aisé, pourvu, grâce à ses grandes rivières, de moyens de communication sans rivaux, ayant « une puissance hydraulique suffisante pour faire tourner tous les moulins du monde » et n'ayant besoin que d'hommes pour en faire un des jardins du monde ? »

Il y a voyageurs et voyageurs. Le passage qui vient d'être cité nous donne l'opinion d'un groupe sur le problème soulevé par Malthus ; d'autre part, d'Humboldt, dans son *Essai sur la Nouvelle Espagne* (liv. I, p. 107) caractérise l'ouvrage de Malthus comme « l'un des ouvrages les plus profonds de l'Economie politique qui aient jamais paru ». Mais venons en à l'argument de la revue :

L'objection, observera-t-on, est purement pratique. On ne nie pas que « la population ne tende à s'accroître plus rapidement que les subsistances » ; que, si grande que soit la quantité de nourriture que la terre est capable de produire, la population ne puisse en dernier lieu la dépasser, et qu'elle ne tende à le faire ; mais on tiers ; il est cependant certain que la production annuelle de blé dans le Royaume-Uni ne pourrait pas indéfiniment continuer de s'élever à ce taux ; mais il n'en est pas .noins certain, vu la capacité d'accroissement des êtres humains, que la population

dit : de quelle importance pratique est-ce pour nous qui vivons maintenant, avec les ressources illimitées des nouveaux mondes qui sont encore à notre disposition ? La réponse, la réponse *pratique* est, c'est l'*essentiel* pour nous, qu'importe si ces ressources, quelqu'étendues qu'elles soient, ne sont pas, en fait, exploitées. Il n'importe pas que les obstacles soient physiques ou moraux, qu'ils soient absolus et insurmontables ou simplement le résultat du préjugé et de l'ignorance, tant qu'ils ont assez d'effet pour empêcher la culture des contrées en question. Tant qu'il en est ainsi, ces contrées, au point de vue pratique pur et *simple*, peuvent être considérées par nous comme si elles n'existaient pas ; on ne peut pas plus les considérer comme moyens de soutenir la population que les pays lunaires. Cependant parce que, en vérité, « la vallée d'Ottawa PEUT produire assez de blé pour approvisionner toute l'Angleterre », bien qu'il soit admis qu'elle ne *le fait pas*, et qu'il ne soit pas prouvé que dans un prochain *avenir elle le fasse*, cet auteur *réellement pratique*, tient que c'est le comble de l'absurdité de parler de la nécessité de restreindre la population, et traite tous ceux qui le font de rêveurs et de lunatiques !

L'ouvrier du Dorsetshire, par exemple, qui gagne neuf shillings par semaine hésite à se marier. Le « théoricien » malthusien l'exhorte à attendre un peu jusqu'à ce qu'il épargne au moins assez pour former le noyau nécessaire pour soutenir sa femme et ses enfants. « L'homme réellement pratique » d'autre part lui dit : Pourquoi hésiter ? La vallée d'Ottawa n'est-elle pas capable de fournir de la nourriture à toute l'Angleterre ?

L'immense capacité de la terre à produire de la nourriture, dont nous profitons actuellement, n'est pas omise par Malthus, ni autant que nous le savons, par ceux qui acceptent sa doctrine, et il n'y a pas de raison pour supposer que maîtres ou disciples en aient déprécié l'importance. Ils ont cependant fait valoir que l'existence de cette capacité n'est pas une raison pour affaiblir les restrictions de population ; parce que, quelle que soit l'étendue de ces ressources, leur développement peut être l'œuvre du temps et la population se trouve en fait être toujours

du Royaume-Uni *pourrait*, et vu sa propension naturelle dans la même direction, qu'elle *augmenterait*
toujours suivant ce taux, jusqu'à ce qu'elle fût arrêtée par l'impossibilité physique d'obtenir de la nourriture, dans l'hypothèse admise, à savoir que son
pouvoir naturel et la disposition à se multiplier agis-

pleinement capable de se conformer à sa marche. L'instinct qui
retient les hommes sur la terre natale, en dépit des espérances
attrayantes des autres régions, la lenteur avec laquelle le capital
se dirige vers les pays nouveaux, et l'ignorance, l'indolence, la
barbarie de la plupart des races qui les occupent, rendent l'introduction de l'industrie systématique en ces régions difficile et fort
lente. La plus grande partie de l'Inde est depuis un siècle sous
la domination anglaise, et cependant nous savons combien il est
difficile d'y attirer le capital sans une garantie du gouvernement ;
et malgré tout ce qui a été dit et écrit sur les ressources illimitées de l'Inde et les pressants besoins de l'Angleterre pour les
articles à la production desquels son sol et son climat sont particulièrement favorables, combien peu a-t-on fait pour tourner
ces avantages à profit. Que penserait un filateur de Manchester si
on lui donnait l'avis de ne pas hésiter à ériger de nouveaux
moulins et de nouvelles machines, parce que, quoique l'offre de
coton soit pour le moment assez faible, les plaines du Dekkan
sont capables d'en produire plus qu'il ne sera capable d'en filer
pendant un demi-siècle ? Cependant l'écrivain qui, dans la question de l'existence humaine un peu plus importante, donne un
avis précisément analogue, se fait à lui-même crédit d'un don
supérieur de sagesse pratique !

Quant à l'autre point auquel il faut prêter attention, la possibilité d'accroître considérablement la quantité de subsistances,
même dans les vieilles contrées, on peut lui appliquer des considérations semblables. Le fait est indubitablement vrai ; mais
néanmoins il n'y a pas plus d'aliments de produits. Si on demande pourquoi il en est ainsi, la réponse est que l'habileté
agricole restant à son point actuel, un accroissement dans la
production de nourriture nécessiterait une baisse dans les profits des fermiers. Et si l'on veut connaître en outre les raisons de
cette nécessité, on peut renvoyer « à la diminution dans la productivité du sol », l'impénétrable barrière contre laquelle viennent se briser en dernier lieu les plans et les arguments anti-
malthusiens.

sent sans être contrariés par des principes d'un caractère opposé.

Le résultat de l'examen auquel Malthus s'est livré sur ces faits a donc été d'établir la doctrine que nous venons d'exposer, à savoir qu'il y a dans les êtres humains une tendance à se multiplier plus vite que les subsistances, à s'accroître plus rapidement que les subsistances ne sont capables de s'accroître. La population cependant, comme nous l'avons dit, quelle que puisse être sa tendance, ne pourrait s'accroître plus vite que les subsistances, d'autant que les êtres humains ne peuvent vivre sans nourriture ; et une enquête plus approfondie a montré que les subsistances dans la plupart des pays, et dans tous les pays en progrès, avaient en fait accru plus vite que la population. Malthus tourna donc son attention vers la découverte des principes antagonistes qui tiennent en échec le pouvoir naturel de la population. Ceux-ci pouvaient être, à son avis, réduits en deux classes, qu'il appela obstacles préventifs et positifs. Les obstacles préventifs comprenaient toutes les causes qui, dans leur opération, agissaient en restreignant le pouvoir naturel ou la disposition de l'humanité à accroître son nombre ; ils étaient généralement rangés sous les deux chefs de la prudence à l'égard du mariage et du vice, en tant qu'entrave apportée à la fécondité. Les obstacles positifs comprenaient les causes de mort prématurée qui frappent une population excessive, dont les principales étaient l'insuffisance de nourriture, la famine, la maladie et la guerre.

2. — Telle est, rapidement esquissée, la doctrine de Malthus, et telle est la suite du raisonnement qui servit à l'établir. Quant à son importance, il n'est guère excessif de dire que, en jetant une forte lumière sur plus d'un des passages les plus obscurs de l'histoire, cette doctrine a en peu de temps révolutionné les manières courantes d'envisager les problèmes sociaux et industriels. Le bien-être matériel d'une société dépend principalement de la proportion qui existe entre la quantité de choses nécessaires et confortables dans cette société et le nombre de personnes entre lesquelles ces choses sont partagées ; parmi ces choses nécessaires et confortables la nourriture est de beaucoup l'article le plus important partout. Tous les plans d'amélioration de la condition des masses de l'humanité, doivent donc, afin d'être efficaces, se proposer une modification dans cette proportion, et pour être permanents, ils doivent viser à rendre cette modification permanente. Or, Malthus montra que la force du principe de la population est telle que, si on le laissait agir sans restriction, aucun accroissement possible de nourriture ne pourrait aller de pair avec lui. Il s'ensuivait que, pour améliorer d'une façon permanente la masse du genre humain, le développement des principes qui imposeraient quelque restriction à la tendance naturelle du principe de la population était indispensable ; et que, bien qu'un accroissement dans la productivité de l'industrie pût pour un temps améliorer la condition d'une communauté, cette condition seule, si elle n'était accompagnée de la formation d'habitudes de contrôle de soi-même et de prévoyance de la part

des gens eux-mêmes, ne pourrait servir de base sûre, de sauvegarde dernière contre la détresse.

La même découverte (1) de Malthus, — dans son propre langage « la pression constante de la population sur les subsistances » — donna la clé de nombre de problèmes sociaux et historiques : elle donnait, par exemple, la cause latente en vertu de laquelle le monde a été peuplé ; qui contraignit les bergers de l'Asie à sortir du berceau primitif de la race humaine ; qui conduisit les Grecs à fonder de nombreuses colonies ; qui poussa les grandes migrations de barbares du nord ; et qui maintenant envoie des essaims successifs d'émigrants pour transporter la race an-

(1) Nous disons « découverte », parce que, quoiqu'il soit vrai que le fait fondamental sur lequel la doctrine de Malthus reposait ait été fréquemment remarqué auparavant (v. par exemple, les *Annales du Commerce*, 1590, de Mac Pherson, où il cite un passage d'un ouvrage d'un jésuite piémontais, Botero « sur les causes de la grandeur des cités » dans lequel l'écrivain pose la question : Quelle est la raison pour laquelle les cités, une fois parvenues à la grandeur, ne continuent pas à croître selon cette progression ? et il donne une réponse malthusienne) ; sa portée et son importance, eu égard aux intérêts de l'humanité, étaient presque entièrement négligées jusqu'au moment où apparurent les écrits de Malthus. Il fut le premier qui appela l'attention sur les conséquences considérables enveloppées dans un fait patent pour tout observateur ; remarqué à l'occasion, en des exemples particuliers, mais jamais compris auparavant dans sa pleine signification. C'est, nous pouvons l'observer, la nature de presque toutes les découvertes du domaine des recherches sociales, aussi bien qu'en une certaine mesure des sciences de la nature organique. Par exemple, les faits qui forment la base de la doctrine darwinienne des espèces non seulement avaient été souvent notés auparavant, mais, comme M. Darwin le montre, ils avaient été systématiquement pratiqués par des éleveurs et par d'autres, en fait ils avaient formé la base d'un art. Personne cependant ne dira que cela ait enlevé de l'originalité à la découverte de Darwin.

glaise et son langage dans tous les coins de la terre.

Armé du même principe, Malthus put répondre d'une façon complète et philosophique aux plans communistes dont, à cette époque, Godwin, Owen et d'autres, se faisaient les ardents avocats ; il lui suffit de montrer que de tels schémas de société n'offraient aucune raison de pratiquer une prudente contrainte, et qu'ils écartaient celles qui existaient déjà ; ils étaient en défaut sur le point justement sans lequel l'amélioration de l'humanité était impossible : ils ne la pourvoyaient d'aucune sécurité contre l'excès de population, d'aucune donc contre le manque et la misère qu'une population excessive doit occasionner.

Les leçons pratiques que Malthus déduisait de la loi de la population n'étaient pas moins importantes. En remontant au temps où l'Essai sur la population fut écrit, l'opinion prédominante parmi les hommes d'Etat de toutes les nuances politiques était qu'une population dense est la plus sûre preuve de la prospérité nationale ; l'encouragement à la population, le premier devoir d'un homme d'Etat. Comme un aimable humoriste le disait, l'honnête homme qui se mariait jeune et élevait une nombreuse famille était réputé rendre plus de réels services que celui qui restait célibataire et ne faisait que parler de population. Sous l'influence de cette illusion, la colonisation fut découragée (1), comme tendant à dépeupler la mère-

____

(1) « L'émigration, dit le docteur Johnson, est préjudiciable au bonheur du genre humain, car elle répand le genre humain. » Le Doyen Tucker, un des rares Anglais, qui, pendant la guerre américaine pour l'indépendance, favorisaient la séparation, agissait ainsi justement parce qu'elle devait empêcher l'émigration. Voyez ses *Tracts*, p. 206.

patrie, tandis que les lois sur les pauvres, en outre de leur influence indirecte sur la prévoyance chez les individus qu'elle sapait par dessous, offraient une prime directe à la multiplication ; et en général, tout plan pour l'amélioration de la société était approuvé et soutenu juste en proportion de son influence supposée sur l'augmentation du nombre de la population. Les raisonnements de Malthus vinrent, comme nous l'avons expliqué, rétablir une conclusion directement opposée : ils montrèrent que, en ce qui regarde la population d'un État, le danger se trouve du côté non du manque mais de l'excès ; et que par suite les plans d'amélioration sociale devaient être approuvés non en ce qu'ils tendaient à encourager l'accroissement de la population, mais en ce qu'ils tendaient à développer les qualités de contrôle personnel et de prévoyance dont dépend sa restriction dans les limites dues (1).

(1) Il ne suit en aucune manière de ce qui a été dit ci-dessus que la rareté de la population et la lenteur de ses progrès doivent être prises comme une preuve de la prospérité nationale ; ou *vice versa*, que le nombre ou la rapidité de l'accroissement de la population est incompatible avec ce fait, comme d'une manière presque invariable, cela est affirmé ou impliqué dans la pensée des écrivains anti-malthusiens. M. Rickards, par exemple, dit : « M. Malthus et les disciples de son école, s'accordent à représenter l'hypothèse de la pression de la population sur les subsistances *comme croissant en intensité en proportion directe de la population d'une société* ; et après avoir donné le nombre des habitants au mille carré dans quelques-uns des principaux pays du monde, le résultat de la comparaison étant de montrer la plus grande densité de la population en Angleterre, il ajoute : « L'Angleterre est donc le pays où, *d'après la théorie en question*, la pression de la surpopulation doit être la plus lourde. » *Population et capital*, pp. 117, 118.

Il est évident que la théorie en question n'implique pas de telles

Telles étaient quelques-unes des conséquences politiques et sociales résultant en théorie et en pratique du grand ouvrage de Malthus. Il nous semble que, en suivant le cours qui le conduisit au résultat qu'il a atteint, Malthus suivait la seule voie par la-

conséquences, se rapportant, comme elle le fait, à la proportion qui existe entre la population et les subsistances, et n'affirmant rien en quoi que ce soit qui ait pour objet le montant absolu de l'une ou de l'autre. L'exposé cependant n'est pas simplement une supposition sans garantie ; elle tend directement à une fausse interprétation de Malthus, puisqu'elle lui impute une opinion qu'il a désavouée en propres termes, par exemple : *« C'est se méprendre absolument sur mon argument que d'en inférer que je suis ennemi de la population.* Je suis seulement un ennemi du vice et de la misère, et par conséquent de la proportion défavorable entre la population et les subsistances qui produit ces maux. *Mais cette proportion défavorable n'est pas une connexion nécessairement liée à la quantité de la population absolue* qu'un pays peut contenir ; au contraire, elle *se trouve plus fréquemment dans les pays qui ont une population plus faible que dans ceux qui sont plus populeux. En désirant une population grande et effective, je ne diffère pas des plus chauds avocats de l'accroissement !* Je suis parfaitement prêt à reconnaître avec les écrivains anciens que ce n'est pas l'étendue du territoire, mais l'étendue de la population qui sert à mesurer la puissance des Etats. C'est seulement quant au mode d'obtenir une population vigoureuse et énergique que je diffère d'eux, et en différant ainsi d'eux je suis entièrement soutenu par l'expérience, qui est le grand contrôle de toutes les spéculations humaines ».

La différence pratique entre les résultats auxquels conduisent les opinions malthusiennes et anti-malthusiennes peut être rendue plus claire si l'on considère comment elles s'appliqueraient dans un cas donné.

L'état stationnaire de la population en France, qui a été l'objet dernièrement de beaucoup de travaux, serait probablement regardé par ces deux écoles comme un mauvais signe pour la condition sociale de ce pays ; mais tandis que les anti-malthusiens regarderaient cet état comme la source du malaise, les malthusiens le regarderaient simplement comme un symptôme, et un symptôme, pour avancé qu'il fût, capable d'atténuer le désordre. Suivant les premiers, la cure spéciale de ce malaise social serait d'encourager la population en offrant des primes aux quelle des vérités économiques importantes peuvent se découvrir. Vous l'observerez, sa méthode était strictement conforme à celle que nous avons recommandée dans ces conférences comme la méthode de l'Économie politique. Il commençait par considérer la nature et la force d'un principe connu de la nature humaine ; il tenait compte des conditions réelles extérieures dans lesquelles ce principe entrait en jeu ; il traçait les conséquences qui en résulteraient en supposant que ce principe agît sans contrainte

familles nombreuses, ou bien en imposant à l'Etat l'obligation de pourvoir à leurs besoins. Nous ne disons pas que l'on recommanderait maintenant sérieusement cette manière d'agir, mais nous disons que c'est une conséquence légitime des doctrines anti-malthusiennes ; c'était universellement accepté comme tel, et pratiqué comme tel, jusqu'à la fin du siècle dernier ; et si la même règle n'a pas encore ouvertement d'avocats, cela tient à l'influence que les écrits de Malthus ont exercée même parmi ceux qui affectent de répudier son enseignement.

D'autre part, les malthusiens regarderaient l'état stationnaire de la population en France comme un symptôme allégeant sa maladie sociale. Que la population n'avance pas, en fait, c'est en soi-même (abstraction faite d'autres considérations) un mal ; cela implique, en tout cas, une certaine négation du bonheur humain ; mais il vaut mieux que la population n'avance pas que d'avancer en accroissant le paupérisme et la misère. Le malthusien considérerait donc comment les ressources matérielles de la France pourraient s'étendre, et les moyens de subsistance pour l'accroissement de sa population ; mais il s'abstiendrait soigneusement d'encourager la population, parce qu'il saurait que, eu égard à la force naturelle du principe, si grande que fût l'expansion des ressources du pays, *la population avancerait au moins aussi rapidement qu'il serait désirable.* Au contraire, il prendrait soin, tandis qu'il s'efforcerait d'augmenter les moyens de ce pays, de ne pas affaiblir mais plutôt de fortifier ses habitudes de prudence qui existent maintenant. Aucun gain possible immédiat, s'il était obtenu par un relâchement à cet égard, ne serait considéré par lui comme une compensation adéquate aux maux futurs qu'un tel relâchement causerait.

dans les conditions supposées ; il recherchait alors combien en fait le principe avait été contraint : et en dernier lieu il examinait la nature des agents antagonistes dont l'action avait causé la contrainte. Par ces moyens il arrivait aux causes dernières des principes de la nature humaine et aux faits du monde extérieur dont dépend la condition de la masse du genre humain en matière de subsistance, et il apportait pour la première fois la solution d'un important problème dans les lois de la distribution des richesses.

3. — Nous avons donc examiné la doctrine de Malthus : passons maintenant à ses adversaires. Un des plus remarquables écrivains qui aient récemment pris position contre lui est M. Rickards, ex-professeur d'Économie politique à Oxford. De son ouvrage sur « Population and Capital » la partie principale est consacrée à une laborieuse attaque de la proposition de Malthus. Les objections avancées par Rickards ne sont pas absolument neuves(1), mais elles sont établies par lui avec une plus grande abondance et une plus grande clarté que nous ne l'avons vu ailleurs, nous profiterons donc nous-mêmes de l'exposé qu'il en a fait. Le passage suivant est emprunté à l'ouvrage même auquel nous nous référons.

« Il est évident qu'il y a deux méthodes de comparaison pour les taux respectifs de l'accroissement de l'humanité et des subsistances. On peut les regarder, tous les deux, bien entendu, soit dans l'abs-

(1) Voyez *Lectures on Political Economy*, de Lawson ; *Travels in Europe*, de Laing. c. III.

trait ou le concret; soit virtuellement ou réellement. Nous pouvons rechercher, par exemple,
d'après les lois de la nature ressortant de l'expérience, quelle est la période déterminée pendant laquelle une société donnée d'êtres humains est physiquement capable de doubler son nombre, en faisant
abstraction de l'opération des obstacles qui ont di-
minué la longévité et accru la mortalité, et qui peuvent pratiquement faire diminuer le nombre de toute
société. D'autre part, nous pouvons estimer le taux
virtuel d'accroissement des animaux ou des subsistances qui sont adaptés à la subsistance humaine,
en supposant qu'il n'y ait aucun obstacle à leur multiplication provenant de la difficulté de trouver des
mains pour cultiver ou de la terre pour nourrir les
hommes. Par cette méthode nous pouvons trouver
celui des deux éléments, la population ou les subsistances, qui est physiquement capable d'une plus
grande expansion en un temps donné. Nous pouvons
encore adopter un autre mode de trouver leurs taux
relatifs d'accroissement; nous pouvons comparer le
progrès de l'homme et de la production dans l'état
actuel d'une communauté quelconque, ou de toutes
les communautés ensemble. Dans toutes sociétés
existantes il y a des obstacles agissant sur la multiplication de l'espèce humaine. Il y a des obstacles
aussi à l'accroissement indéfini du monde animal et
végétal. Nous pouvons tenir compte de l'action des
obstacles dans les deux côtés de notre calcul. Dans
un pays donné, ou dans le monde en général, si
nous l'aimons mieux, nous pouvons, en considérant
l'état actuel des choses, en prêtant attention à l'ex-

périence du passé et aux circonstances du présent,
à toutes les causes, sociales, morales ou politiques,
qui restreignent à la fois l'accroissement de l'espèce
humaine et de ses subsistances, calculer ce qu'ont
réellement été, ou ce qui peuvent probablement être
dorénavant, les taux comparatifs de l'accroissement
de la population et de la production. L'une ou l'autre de ces deux méthodes de comparaison serait
bonne et logique. Nous avons à peine besoin d'ajouter que la dernière sera plus vraisemblablement en
état de conduire à une conclusion pratique utile.
Mais il y a une troisième méthode, qui ne peut manquer de nous conduire par la route d'une fausse logique à un résultat tout à fait erroné : c'est celle
qui consiste à comparer l'accroissement virtuel de
l'humanité, dans le libre jeu des lois de la nature,
au progrès réel, en un pays donné, de la production
en excluant l'action des forces contraires d'un côté,
et en les portant dans notre estimation de l'autre. Il
n'est pas étonnant, quand nous usons d'une telle
balance, que nos plateaux penchent d'un poids pro-
digieusement inégal...

Mais ce qu'il faut par dessus tout c'est une attention scrupuleuse à ce point pour mettre en évidence
la fausseté fondamentale du raisonnement tout entier. Quel est ce rapport concernant la multiplication
à des *subsistances* que M. Malthus a opposé à l'accroissement *virtuel* des êtres humains ? Ce *n'est pas* l'accroissement virtuel des existences animales et végétales
propres à la nourriture des hommes sous des conditions également favorables : « un pouvoir pouvant
s'exercer en toute liberté » et qui n'est limité par

aucun écueil ou obstacle, qui formait sa donnée sur la population. Il n'entre dans aucune estimation quant aux périodes durant lesquelles, conformément aux lois de la nature, les fruits de la terre, le blé, l'olive et le vin peuvent, inutile de dire en de tels cas doubler, mais se multiplier, quelque trente, soixante ou cent fois. Il omet de considérer la très merveilleuse fécondité de quelques-uns des animaux qui forment, dans les sociétés civilisées, la principale subsistance de la masse des gens... Son calcul du rapport suivant lequel la subsistance peut se multiplier, est fondé sur l'état de choses existant actuellement en Angleterre. Il compare l'abstrait au concret, la nature dans la région de l'hypothèse, agissant « en parfaite liberté » à la nature entravée par tous les « écueils » qui restreignent la production dans le monde réel » (1).

Le premier point à remarquer sur cette observation est que M. Rickards ne nie pas ici la doctrine de Malthus dans le sens dans lequel Malthus affirmait cette doctrine ; il admet que dans ce sens les plateaux *penchent* d'une manière prodigieuse, souvent inégale ; et il n'attaque pas le raisonnement par lequel Malthus déduisait de la doctrine *ainsi comprise* les conclusions que son Essai avait pour objet d'établir : en résumé, il ne conteste ni les prémisses de l'argument malthusien, ni leur valeur pour établir la conclusion malthusienne. Le passage donc que nous avons cité, si on l'entend comme quelque chose de plus qu'une critique de mots sur la forme

(1) *Population and capital*, pp. 68-70, 73, 75.

dans laquelle la pensée de Malthus est exprimée, doit être regardé comme un exemple de l'erreur appelée *ignoratio elenchi*; et si notre objet était simplement de défendre la doctrine malthusienne, nous pourrions en même temps négliger ces objections comme étrangères au sujet. Comme exemple cependant des notions confuses qui prédominent au sujet de la méthode économique, il sera bon de les considérer un peu plus au long.

Nous nous proposons donc de montrer que, tandis que la comparaison instituée par Malthus est parfaitement légitime et logique, celles suggérées par M. Rickards sont entièrement étrangères aux fins de la science économique : d'autant que, conclurait-on pour l'affirmative ou pour la négative, elles n'illustrent absolument aucun principe économique, et elles ne nous sont d'aucun secours pour résoudre un problème quelconque présenté par les phénomènes de la richesse.

Et ici nous pouvons remarquer en passant que, en accordant pour le moment qu'une comparaison de l'abstrait avec le concret soit inadmissible, on peut de suite prévenir toute critique en substituant au mot « subsistances » l'expression « capacité du sol pour produire des subsistances », qui exprime également bien la pensée de Malthus. Nous pouvons alors comparer l'abstrait à l'abstrait, la fécondité virtuelle de l'homme à la « fertilité virtuelle du sol »; et nous pouvons déduire de la proposition ainsi exposée avec précision les mêmes conclusions que Malthus s'était donné comme objet d'inculquer (1).

(1) M. Rickards, en fait, pose ailleurs la question de cette ma-

Mais pourquoi, demandons-nous, une comparaison de l'abstrait et du concret serait-elle nécessairement illogique? Nous ne connaissons aucun critérium pour décider de la propriété d'une comparaison, excepté le rapport à l'objet pour lequel la comparaison est instituée. L'objet que Malthus avait en vue en écrivant son Essai était d'affirmer l'influence du principe de la population sur le bien-être humain (1); d'affirmer si la force naturelle du principe était telle que, au point de vue du bonheur de l'humanité, cette force serait stimulée ou contrainte; s'il était désirable de faire des incitations qui tendraient à encourager les mariages précoces et les nombreuses familles; ou, au contraire, si nous favorisions les institutions et les usages de la société dont la tendance est de développer les vertus de prudence et de contrainte morale dans les relations des sexes. C'était clairement et proprement une question économique, c'était une question relative à l'influence d'un principe donné sur la distribution des richesses; et c'en était une qui, d'après les termes dans lesquels elle est établie, impliquait la compa-

nière : « Or c'est précisément la même présomption, celle de la diminution de la productivité de la terre en tant que comparée avec la *non-diminution* du pouvoir de la fécondité humaine, qui forme la base de la théorie malthusienne. » *Population and Capital*, p. 127.

(1) « Cette recherche est beaucoup trop vaste pour qu'un seul individu puisse s'y livrer avec succès. L'objet de cet essai est principalement d'examiner les effets d'une grande cause liée intimement à la nature humaine, qui a agi constamment et puissamment dès l'origine des sociétés, et qui cependant a peu fixé l'attention de ceux qui se sont occupés du sujet auquel elle appartient. » MALTHUS, *Essai sur la population*, p. 2, éd. 1807.

raison même contre laquelle M. Rickards s'élève —
une comparaison de la force naturelle et inhérente
au principe de la population avec les moyens réellement à la disposition de l'homme, avec la position
qu'il a dans le monde, pour obtenir les subsistances;
une comparaison de la nature dans le domaine de
l'hypothèse, agissant avec une parfaite liberté, avec
la nature entravée par tous les obstacles qui contrai-
gnent la production dans le monde actuel? M. Rickards doit donc, ou maintenir que le problème que
Malthus se proposait de résoudre — l'influence du
principe de la population sur le bien-être humain,
sur la distribution des richesses — n'est pas un problème légitime, ou admettre qu'une comparaison de
l'abstrait et du concret n'est pas une comparaison
choquante.

En effet, si la considération de la tendance d'un
principe donné — sa capacité virtuelle — en relation
étroite avec les circonstances actuelles dans lesquelles il fonctionne, doit être proscrite comme im-
pliquant une comparaison de l'abstrait avec le concret, il est difficile d'imaginer comment on doit
examiner les phénomènes complexes de la nature,
et comment on doit les rattacher aux diverses causes
qui les produisent.

Mais de plus nous maintenons que ni l'une ni l'autre des comparaisons, sur lesquelles insistait M. Rickards comme étant les seules comparaisons légi-
times, ne peut conduire à la découverte d'un principe
économique quel qu'il soit, ou nous aider à la solution d'un problème quelconque économique. La première des comparaisons suggérées par M. Rickards

comme celle que Malthus aurait pu faire à bon droit, est la comparaison de la population dans l'abstrait et de la nourriture dans l'abstrait, de l'accroissement « virtuel » de l'une et de l' accroissement « virtuel » de l'autre, en un mot la comparaison de la fécondité du couple humain et de la fécondité d'un grain de blé. S'il avait fait cette comparaison, il aurait, dit M. Rickards, fait ce qui du moins « était logique et légitime », et nous pouvons sûrement l'admettre, il n'aurait été conduit à aucune conclusion qui eût troublé la sérénité du philosophe le plus orthodoxe.

Il ne peut y avoir de doute que la capacité d'accroissement d'un grain de blé (étant données les conditions les plus favorables à sa culture) est incommensurablement plus grande que la capacité d'accroissement du genre humain (étant également données les conditions les plus favorables à sa multiplication) ; d'autant que, tandis que la population dans les circontances les plus favorables prend vingt ou vingt-cinq ans pour doubler, un grain de blé dans un sol riche peut rendre vingt ou trente fois plus en une année ; et il se peut fort bien que, dans un ouvrage sur la physiologie comparée des plantes et des animaux, ce fait ait quelque importance. Mais la question pour l'économie politique est de savoir le principe économique qui peut en être déduit ? Quelle lumière jette-t-il sur la classe de problèmes dont s'occupe l'économie politique ? M. Rickards répliquera peut-être qu'il en résulte que les subsistances tendent à s'accroître plus vite que la population. En lui donnant le sens que Malthus a

attaché à ces termes, il y aurait là une importante tendance s'exerçant sur les phénomènes de la
richesse, en d'autres termes une loi économique ;
s'il était vrai dans ce sens que « les subsistances ten-
dissent à s'accroître plus rapidement que la population », ce serait le renversement de toutes les conclusions que Malthus tirait du principe opposé et,
nous pouvons ajouter, de la plupart des doctrines de
l'Economie politique, telles qu'elles sont reçues à
présent ; assurément les plus importants phénomènes
de la société, telle qu'elle est à présent constituée,
seraient inexplicables. Mais quand cette proposition
est comprise comme M. Rickards veut à toute force
la comprendre, on n'en voit plus la portée sur les
problèmes économiques.

Si l'on suppose, comme c'est le cas sans aucun
doute, que la capacité abstraite de l'accroissement d'un
grain de blé est plus grande que la capacité abstraite
d'accroissement d'un couple humain, et que dans
ce sens les subsistances tendent à croître plus vite que
la population — de quelle manière ce fait ici affirmé
affecte-t-il les intérêts humains dans leurs aspects
économiques ? Quel phénomène de la richesse ce fait
explique-t-il ? Quelle leçon pratique apporte-t-il ?
Jette-t-il quelque lumière sur les causes dont dépendent le progrès et le bien-être humain de la société ? Explique-t-il pourquoi la rente tend à monter et
les profits à baisser à mesure que la société avance ?
Pourquoi le travailleur anglais reçoit moins que
l'ouvrier américain, et plus que l'Indien ? Pourquoi
les vieux pays importent les produits bruts et expor-
tent des produits manufacturés, tandis que c'est le

contraire pour les pays neufs? Explique-t-il pourquoi, à mesure que la civilisation avance, la condition de la masse du peuple s'améliore généralement? Aucune de ces questions ne peut être complètement résolue si l'on n'a recours à la doctrine de la population telle que Malthus l'a établie et comprise ; mais si, avec M. Rickards et ceux qui acceptent son opinion, il faut que nous comprenions la doctrine comme exprimant une comparaison de la tendance qu'ont les êtres humains à s'accroître, non avec les moyens réellement à leur disposition pour obtenir les subsistances, mais avec la capacité d'accroissement qu'a le monde végétal dans des conditions impossibles, nous ne pouvons pas trouver que cela nous aide en quoique ce soit à résoudre ces problèmes économiques ou d'autres.

Nous avons défini une loi économique (ainsi que vous vous en souvenez probablement) comme une proposition exprimant une tendance déduite des principes de la nature humaine et des faits extérieurs, et affectant la production ou la distribution de la richesse. La comparaison établie par M. Rickards entre [la population et la subsistance exprime certainement une tendance déduite de la nature humaine et des faits extérieurs, mais elle ne renferme pas l'autre condition d'une loi économique, telle que nous avons entrepris de la définir ; elle n'exprime aucune tendance à l'endroit de la production et de la distribution des richesses. Nous ne pouvons donc pas voir ce qui donnerait à cette loi droit à la place que M. Rickards voudrait lui assigner.

L'autre comparaison suggérée par notre auteur

comme celle que l'on pourrait établir à bon droit (et il lui attache la plus grande importance), c'est celle de la « population dans le concret », avec les « subsistances dans le concret », c'est-à-dire la comparaison du progrès qui actuellement a lieu dans la population d'un district donné durant un temps donné et du progrès qui, dans le même district et durant le même temps, a eu lieu dans les subsistances. Loin de nous l'idée de soutenir qu'une telle comparaison ne puisse mettre en lumière des faits précieux, faits qui, si on y réfléchit sérieusement et si on les interprète à la lumière de la science économique, peuvent conduire à d'importantes conclusions, et peut-être même à la découverte de quelque nouveau principe économique ; mais nous nions entièrement qu'une proposition comprenant les résultats non mûris de cette comparaison, puisse être considérée comme faisant partie de l'Économie politique, ou qu'elle possède un seul des attributs de la loi économique.

Il est vrai, assurément, que le terme de « loi » est fréquemment appliqué à de simples généralisations de phénomènes complexes, à des propositions qui expriment simplement l'ordre d'événement dans lequel on a observé les faits, et pourvu que le caractère purement empirique de ces généralisations soit évoqué par elles, on ne peut élever aucune objection contre ce nom. Même dans ce cas cependant, on exige pour attribuer à une proposition le caractère d'une « loi » un certain degré de régularité et d'uniformité dans la série observée. Or, en ce qui concerne la comparaison que M. Rickards propose d'établir entre les progrès relatifs qui ont eu lieu dans la population et les subsistances, on ne peut observer aucune régularité, aucune uniformité de ce genre. Dans certaines nations les subsistances ont avancé plus rapidement que la population : dans d'autres la population a avancé plus rapidement que les subsistances ; et dans les mêmes nations, à différentes époques, les résultats ont été différents, la population et les substances ayant pris l'avance tour à tour. Tout ce qu'on peut dire de vrai c'est que, en somme, à mesure que les nations deviennent plus civilisées, la proportion change généralement en faveur des subsistances. C'est là une proposition qui peut à peine, à notre avis, prétendre à la dignité d'une « loi », même dans le sens le plus large du mot.

Mais dussions-nous même supposer que l'avance relative de la population et des subsistances est constante et uniforme, et que la mesure en fût bien assurée, nous nierions encore qu'une proposition qui représenterait les résultats de cette comparaison pût correctement s'appeler une doctrine d'Economie politique, nous nierions, en d'autres termes, qu'une telle proposition pût, à bon droit, être mise dans la même catégorie de vérités que celles qui affirment que dans le cas d'une concurrence libre la valeur normale est gouvernée par les frais de production ; que les fluctuations de la valeur sont gouvernées par la condition de la demande et de l'offre par rapport à l'intérêt particulier ; que le taux de profit varie à l'inverse des salaires proportionnels tels que l'a compris Ricardo ; que la « rente économique » dépend de la différence des revenus du sol pour les différents capitaux ; en un mot, avec les principes les plus importants de la science économique. Chacune de ces propositions exprime quelque tendance affectant la production et la distribution des richesses ; elles ont été déduites de principes connus de la nature humaine et de faits physiques vérifiés ; et elles sont toutes utiles pour l'explication des phénomènes de la richesse. Mais une proposition qui affirme les résultats (même à supposer que ces résultats fussent parfaitement réguliers et uniformes) d'une comparaison entre la population dans le concret et les subsistances dans le concret, ne possède aucun de ces attributs. Elle n'exprime aucune tendance qui influe sur les phénomènes de la richesse, mais expose le résultat composite et la manifestation de maintes tendances ; elle n'est pas déduite des principes de la nature humaine et des faits extérieurs ; elle est déduite des statistiques de la société, ou des généralisations confuses de l'histoire ; et, en dernier lieu, elle ne constitue pas un principe qui nous aide à résoudre quelques-uns des problèmes de notre civilisation complexe, mais elle présente elle-même un problème complexe pour la solution que nous cherchons.

Nous disons que cette comparaison ne nous aidera pas à résoudre un seul des problèmes de notre civilisation si complexe ; car, accordons que le fait soit tel que l'affirme M. Rickards et comme en faisant, somme toute, une large concession aux cas exceptionnels, nous croyons qu'il l'est, accordant que, en règle générale, les moyens de subsistance, et nous pouvons ajouter le comfort et le luxe de la vie, ont avancé dans les sociétés civilisées plus rapidement

que la population, quelle lumière ces observations
jettent-elles sur l'influence du principe de la population d'une part ou des causes qui règlent la production des subsistances d'autre part, sur l'influence
qu'elles exercent, disons-nous, sur le progrès de. la
société et sur les phénomènes de la richesse? Tout ce
dont nous sommes sûrs, en concluant de l'état des
choses présumées, c'est de la prédominance, somme
toute, dans les circonstances données, des causes
qui tendent à faire avancer sur celles qui tendent à
retarder la condition sociale et économique d'une
nation ; mais cette constatation ne permet nullement de conclure quant au caractère ou à la force
inhérente d'une cause particulière quelconque affectant cette condition telle que le principe de population. Le fait de l'arrivée d'un vaisseau à New-York
ne prouve pas qu'il avait un vent favorable ; il se
peut qu'il ait eu recours à sa machine pour combattre le vent. La rapidité avec laquelle il fait la tra-
versée et la direction de sa course ne dépendent pas
de la force de la vapeur qui le pousse, ou des vents
qui l'assistent, ou des courants contraires, ou du frottement qui l'empêche, mais c'est le « résultat dernier
et l'effet collectif de toutes ces causes. » Tel est également le progrès de la société. Il représente le résultat d'un grand nombre de forces physiques, intellectuelles, sociales et morales, et il avance ou recule
ou oscille selon qu'une cause ou une autre l'emporte.
Mais de la simple considération du résultat brut, du
total général, il serait aussi vain d'essayer de déduire
le caractère ou la tendance d'une cause particulière
qui l'affecte — d'un principe économique donné

quelconque — que de tirer la théorie des courants de l'Atlantique de la statistique des voyages entre Liverpool et New-York.

M. Rickards cependant soutient que la comparaison que nous avons considérée jette de la lumière sur les causes des phénomènes économiques. Le progrès actuel que les sociétés ont fait dans l'amélioration matérielle, prouve, selon lui, « la prédominance naturelle de la force de production sur la force de population ». « Cette amélioration ne peut avoir émané, dit-il, d'une autre source. Les possesseurs primitifs de la terre étaient dépouillés de tout. La terre a été la source de toutes les richesses qui se sont accumulées dans les mains de leurs descendants. Si, tandis que le nombre des cultivateurs a été en croissant, le rendement supérieur est devenu de plus en plus grand et que tout le monde est devenu plus riche, il doit s'ensuivre que la production a une tendance à s'accroître plus rapidement que la population, et que l'accumulation des richesses qui accompagne le progrès de la société est attribuable à cette cause. »

Pour donner une certaine force à cet argument, il est évidemment nécessaire que les termes « force de production » et « force de population » comprennent *toutes* les causes qui influent sur le progrès économique de la société ; et *dans ce sens-là*, dire que la force de production est supérieure à la force de population, c'est seulement en d'autres mots dire que les causes qui tendent à faire avancer la société sont, somme toute, plus puissantes que les causes tendant à la retarder, le nom « force de production » étant donné à une série de causes, et celui de « force de population » à l'autre. C'est, en bref, une simple reproduction du fait du progrès sous une autre forme, mais elle ne nous avance point d'un pas vers l'explication de ce fait, qui est le problème à résoudre. C'est comme si l'on prétendait que le fait d'un train quittant Dublin et arrivant à Belfast prouve dans les chemins de fer la prédominance de la « force de locomotion » sur la « force d'immobilité », parce que la marche réelle du train ne pourrait être due à aucune autre cause ; et l'argument serait valide, à condition de supposer qu'on sous-entend, comme dans le raisonnement que nous avons cité, que la « force de locomotion » renfermerait toutes les causes qui poussent le train, et la « force d'immobilité » toutes les causes qui le retiennent. Toutefois l'ingénieur, qui ferait cette découverte ne trouverait guère qu'il eût ajouté beaucoup à son bagage de connaissances utiles.

4. — Nous venons d'essayer de montrer que la comparaison suggérée par M. Rickards, au lieu de celle que Malthus a établie, ne conduit à aucun principe économique quelconque, et ne nous fournit aucune aide pour résoudre les problèmes en rapport avec les phénomènes de la richesse. Pour plus ample preuve de l'entière inutilité, eu égard aux fins de la science, de l'exposition de M. Rickards sur les lois de la population, nous pouvons ajouter que, après avoir établi ces lois, apparémment pour sa propre satisfaction, il ne les applique pas néanmoins à la solution des problèmes de la richesse, et il n'essaye pas d'en faire la base de quelques suggestions pratiques ; au contraire, les leçons pratiques qu'il s'efforce d'in-

culquer sur la population sont directement opposées
à ses propres conclusions théoriques.

Vous avez vu que, tandis que Malthus maintenait que
la population tendait à s'accroître plus vite que les
subsistances, il soutenait, conformément à ce fait
que le principe de population était une force qu'il
était désirable de restreindre et il préconisait, comme
moyens tendant à cette fin, la formation d'habitudes
de prudence et d'empire sur soi-même. M. Rickards,
comme vous l'avez également vu, repousse cette doctrine énergiquement ; il maintient, au contraire, que
les subsistances tendent à s'accroître plus vite que la
population, qu'il en est ainsi à la fois dans « l'abstrait » et dans le « concret », à la fois « virtuellement »
et « réellement », et, bien plus, que la « production »
comparée à la « population », est « bien plus puissante ». M. Rickards ayant ainsi opposé une négation directe au principe de Malthus, il serait naturel
de supposer que dans le côté pratique de la question,
il différerait également de lui. Il serait naturel de
supposer que, comme il maintient que les subsistances, et « virtuellement » et « réellement », tendent
à dépasser la population, cet auteur ne saurait
craindre le danger de voir la population dépasser les
subsistances. Si la « production » est « la force supérieure », il n'y a, semble-t-il, aucune raison —
pourvu seulement que les hommes soient indus-
trieux, pourvu seulement que le mécanisme de la
production reste en mouvement — pour que le genre
humain ne se multiplie pas sans cesse et sans fin,
puisque, dans cette hypothèse, il est toujours en son
pouvoir de s'assurer les moyens de comfort physique

en avance sur son accroissement. Il n'y a, en bref,
aucune raison pour que la population d'une contrée
en Europe ne croisse suivant le taux américain, en
doublant constamment dans une période de vingt-
cinq ans ; ou du moins, s'il y a quelque raison pour
restreindre la population, nous ne nous attendrions
pas à la trouver dans la difficulté de se procurer des
subsistances. Vous serez donc probablement surpris
de voir que M. Rickards ne se contente pas de reconnaître la nécessité de mettre une contrainte au principe de population, mais encore qu'il la fonde ex-
pressément sur les limites imposées par la nature à
l'accroissement des subsistances.

« La prudence individuelle, dit-il (1), est l'obstacle
propre aux mariages précipités ; un appel aux conséquences qui retombent sur les parties elles-mêmes et
sur leur innocente progéniture est l'argument approprié et puissant pour les détourner de téméraires en-
gagements. Que l'on ne dise pas », continue-t-il,
« qu'en raisonnant ainsi, nous substituons un principe d'égoïsme à un principe de devoir. Il n'en est
pas ainsi ; la prudence est ici une obligation morale »...« Quelles que soient les fluctuations », ajoute-
t-il, « qui se produisent dans le taux du travail, que
chaque homme, en formant ses liens privés, agisse
avec la prévoyance et le discernement qui conviennent à un être responsable, et la société n'aura aucune cause de se plaindre de lui, car la surpopulation
sera impossible. » C'est là un excellent avis. Mais
sur quoi repose-t-il ? Pourquoi la « surpopulation »

____
(1) P. 201.

serait-elle possible en l'absence de prévoyance et de discernement ? Pourquoi l' prudence dan: ma- riage serait-elle une obligation morale ? Simple- ment, nous dit M. Rickards, citant le langage de M. Say (non pour le réfuter, mais pour l'adopter) parce que « la tendance des hommes à reproduire leur espèce, et leurs moyens de le faire, sont, nous pouvons dire, infinis ; mais leurs moyens de subsis- tance sont limités (1). »

Nous devons laisser M. Rickards concilier ses le- çons pratiques avec ses conclusions théoriques, son plaidoyer en faveur de la contrainte de la popula- tion par suite de la limitation des subsistances avec sa doctrine que les subsistances « virtuellement » et « réellement » tendent à s'accroître plus rapi- dement que la population. Il nous semble que la conclusion est inévitable : ou ses doctrines, dans le sens dans lequel il les comprend, sont inappli- cables aux fins de l'Economie politique, ou ses pré- ceptes sont en contradiction directe avec ses doc- trines.

Avant de conclure, nous devons signaler une autre proposition de M. Rickards. Dans la pré- face de l'ouvrage que nous avons signalé, il pose ce dilemme : « Si la conclusion de l'Essai sur la Population est vraie, elle nous semble impliquer cette inévitable conséquence qu'il y a eu une er- reur de calcul dans l'adaptation des moyens aux fins pour la disposition de l'univers : on a fait ou l'homme trop prolifique ou la terre trop sté-

(1) P. 186.

rile (1). » Abordons franchement cet argument. La conclusion de Malthus implique d'une manière indubitable la conséquence que la terre est trop stérile pour la fécondité de l'homme, pour l'accroissement possible de l'humanité ; la terre ne peut pas toujours produire des subsistances aussi rapidement que les êtres humains peuvent se multiplier ; ni dans ce cas, ni dans tout autre, la précaution n'a été prise pour satisfaire indéfiniment l'inclination humaine. L'instinct même le plus aimable, l'instinct de compassion ne peut se passer du contrôle de la prudence et de la conscience sans causer un préjudice également au possesseur et à la société. Est-ce là une raison fondamentale pour accuser le Créateur de l'Univers d'une erreur de calcul dans les rapports des moyens aux fins ? Ce n'est pas à nous de le dire ; mais le fait nous semble indiscutable. Si c'est une « fin » de la création, que l'espèce humaine se multiplie sans contrainte, les conditions dans lesquelles l'homme a été placé dans le monde ne paraissent pas, il faut le confesser, avoir été bien calculées pour ce dessein, et la « disposition de l'univers », certainement, dans cette hypothèse-là, semble passible de l'accusation portée dans le passage que nous avons cité. Pour notre part, nous n'adoptons pas cette opinion des « fins » pour lesquelles la disposition de l'Univers a été faite ;

____

(1) « Partout où la Providence apporte des bouches dans le monde, elle y trouvera toujours de quoi les nourrir ; la forme profane de la théorie », dit le Dom Cambridge, « est que vous devez vous marier, parce que vos parents ne peuvent pas vous laisser mourir de faim. »

mais, comme apparemment M. Rickards le fait, il nous faut lui laisser concilier cette opinion le mieux qu'il peut avec ces principes de prudence dirigés contre la « surpopulation » qu'il a eu la sagesse pratique d'inculquer.

CONFÉRENCE VIII

DE LA THÉORIE DE LA RENTE

Elle équivaut à l'abandon des prétentions scientifiques de l'Economie politique.

1. — Parmi les principes d'économie politique qui sont devenus dans ces dernières années un sujet de discussion entre les économistes, un des plus importants et des plus fondamentaux est la théorie de la rente, généralement désignée d'après le nom de son plus habile interprète, M. Ricardo. M. Rickards, d'Oxford, dont quelques objections à la doctrine de la population enseignée par Malthus ont été considérées dans notre dernière conférence, est aussi un adversaire de la théorie de Ricardo sur la rente. Dans la sixième conférence de son ouvrage sur la *Population et le Capital*, il remarque l'étroite relation qui existe entre ces deux doctrines. « Les arguments p. "" toutes les deux », dit-il, « reposent sur une seule et même hypothèse ». « La même présomption, celle de la diminution de la productivité de la terre en tant que comparée à la non diminution dans le pouvoir de la fécondité humaine, forme la base des deux théories. »

En substance nous pensons que c'est une correcte exposition de l'espèce, et nous sommes tout préparés à soutenir la vérité des doctrines en question d'après le résultat qu'on tire. Mais, avant de prêter plus d'attention aux objections de M. Rickards, il sera désirable tout d'abord de comprendre ce qu'est la doctrine de la rente, aussi bien que ses limites propres.

L'objet d'une théorie de la rente est d'expliquer le fait de la rente et les conditions qui déterminent sa hausse et sa baisse. Afin donc de juger la théorie, nous devons nous former une idée claire et nette du fait dont elle se propose de nous fournir l'explication. Le fait donc que la théorie de la rente est amenée à expliquer c'est l'existence dans certaines branches d'industrie d'un surplus de valeur permanent dans le produit, dépassant ce qui est suffisant pour remplacer le capital employé dans la production et donner les profits qui sont courants dans le pays. Ainsi un fermier, après avoir remplacé le capital circulant employé à cultiver sa ferme et encaissé les profits usuels, et après avoir réservé d'ailleurs l'intérêt sur tel capital qu'il peut avoir consacré à des dépenses d'une espèce plus permanente, trouve que les produits de son industrie lui laissent encore un supplément de valeur. Ce supplément de valeur, s'il est simplement l'occupant de la ferme, va au propriétaire : ou si, pendant la durée de son bail, il pouvait en retenir une partie, il serait en tout cas, à la fin, obligé par la concurrence des autres fermiers à le remettre à son propriétaire. D'autre part, si le fermier est lui-même le propriétaire de la terre qu'il travaille, la somme en question lui reviendra donc avec ses autres gains. De la même manière, l'industriel breveté pour une invention heureuse se trouve, en vendant le produit de son industrie, également en possession d'un élément de valeur dépassant ce qui est suffisant pour remplacer les frais de production, et en outre les profits ordinaires. Or, c'est ce surplus de valeur, provenant d'opérations agricoles ou manufacturières, retenu par le producteur ou remis en sus au propriétaire de l'instrument de production, qui constitue la « rente » dans le sens économique de ce mot, et de l'existence duquel il s'agit de rendre compte.

Vous l'observerez, nous disons « dans le sens économique du mot », parce que c'est un de ces cas où la nécessité pour les économistes d'user de la phraséologie courante dans les discussions scientifiques, les a conduits à beaucoup de confusion dans les idées et de perplexité dans le raisonnement. Le terme « rente » est dans le langage ordinaire appliqué au revenu que le propriétaire d'un article quelconque tire de sa location. Un tel revenu, cependant, peut devoir son existence à des causes différentes. La rente, par exemple, qu'un propriétaire reçoit d'un fermier pour la location de sa terre, dérive d'un surplus de valeur dans le rapport de l'industrie du fermier supérieur à ce qui couvrira les dépenses et les profits de sa ferme. D'autre part, la rente de location d'une maison ne représente pas un surplus de valeur de ce genre. Ce n'est pas une addition aux profits ordinaires, mais c'est simplement le profit ordinaire ou bien l'intérêt que le constructeur de la maison reçoit sur le capital qu'il y a placé (1). Il peut en vé-

(1) Il arrivera peut-être que la rente de la terre puisse également être regardée comme l'intérêt du capital du propriétaire, employé soit à l'achat, soit à l'amélioration de son domaine. Dans la mesure où que la rente payée par le tenancier est la conséquence d'améliorations faites à la terre, le cas est sans aucun doute analogue à celui de la rente de location d'une maison, et le paiement que le propriétaire reçoit en considération de telles améliorations est proprement regardé comme le revenu du capital qu'il a placé. Mais la même explication ne s'applique pas au reste. Le payement de ce reste par le tenancier n'est pas une conséquence de l'achat que le propriétaire a fait de la terre,

rité y avoir des fluctuations dans les revenus de ceux qui spéculent sur les constructions, comme dans toute autre spéculation, les spéculateurs retirant des profits quelquefois supérieurs, quelquefois inférieurs à la moyenne : mais il n'y a dans ce cas rien de semblable à ce qui se présente dans le cas de la rente agricole : un surplus permanent supérieur à ce qui est suffisant pour indemniser le capitaliste. L'existence de ce surplus est alors le problème que la théorie de la rente a à résoudre ; et la question est de savoir quelles sont les causes auxquelles il doit son existence, et quelles sont les lois qui en règlent le montant ?

Plusieurs théories ont, à différentes reprises, été avancées pour expliquer la rente. Celle qui a été exposée par les économistes français, et qui, jusqu'à un certain point, a été adoptée par Adam Smith, attribuait le phénomène à la supériorité de production de l'industrie agricole, à la fertilité positive du sol. Entre l'activité agricole, l'activité manufacturière et commerciale et autres, on prétendait voir une différence dans le fait que l'industrie agricole seule

de la même manière que l'accroissement de sa rente par suite d'améliorations est une conséquence de ces améliorations : au contraire, l'argent déboursé pour l'achat de la terre est une conséquence de la rente. Les fermiers ne payent pas la rente *parce que* les propriétaires ont placé des fonds dans l'achat de leurs domaines ; mais les propriétaires placent leurs fonds de cette manière *parce que* les fermiers veulent bien payer une rente. Si les propriétaires avaient obtenu leurs domaines pour rien, comme c'est pour beaucoup le cas, les fermiers n'en payeraient pas moins la rente ; d'autre part, si, par suite de certaines causes, le blé baissait de valeur d'une manière permanente, les rentes baisseraient, sans égard au chiffre quelconque qu'aurait pu atteindre le prix d'achat des domaines.

ajoute positivement au bien qui est l'objet de l'industrie. Le manufacturier transforme et adapte ses matériaux à un nouvel usage. Le marchand transporte son article de commerce de l'endroit de production à la place où il peut être demandé. Mais l'agriculteur seul emploie les matériaux de son travail de manière à en accroître positivement la quantité. La nature, disait-on, coopère ici avec l'effort humain, et là, en conséquence, l'agriculture fournit un *produit net* ou « rente » qui n'a point de place dans les autres champs de l'effort humain. Mais pour ne pas parler d'autres objections patentes que l'on pourrait faire à cette théorie, il suffit de considérer que, quelles que soient la fertilité du sol et l'abondance de la récolte, l'existence d'un surplus de valeur dans le produit ne dépend pas de ces circonstances seulement, mais aussi du prix payé pour le bien, pour voir qu'elle est insuffisante pour résoudre le problème de la rente. Cette théorie n'offre aucune explication des causes qui règlent le prix du produit agricole. Elle ne nous rend pas compte du fait que ce prix demeure constamment assez élevé, non seulement pour faire rentrer le fermier dans ses frais avec les profits ordinaires, mais pour rapporter en plus un revenu au propriétaire du sol (1).

(1) M. Courcelle prétend que la vraie théorie de la rente a été aperçue par les Physiocrates, et cite un passage d'un ouvrage de Turgot : « Observations sur le mémoire de M. de Saint-Péravy », qui montre que Turgot reconnaissait le fait de « la diminution dans la productivité du sol » ; mais il n'y a rien dans ce passage pour montrer ce qui relie ce fait au phénomène de la rente. Nous ne pouvons donc pas maintenir que la solution du problème de la rente est parmi les grands services rendus par ce distin-

La contribution d'Adam Smith à la théorie de la rente, telle qu'elle a été laissée par les Physiocrates, consista à établir que la demande de nourriture de l'homme était toujours, et la demande des autres produits agricoles était généralement si grandes, qu'elles pouvaient commander, l'une ou l'autre, sur le marché un prix plus que suffisant pour indemniser le fermier, et que le surplus de valeur allait naturellement au propriétaire. Cette opinion cependant laissait encore le problème sans solution ; de plus elle impliquait une idée inexacte des lois de la valeur ; car, dans le cas d'un bien comme le blé, qui peut être produit au gré des besoins, le prix de vente ne dépend pas, excepté durant de courts intervalles, de la demande que l'on en fait, mais des frais de production. Un accroissement dans la demande d'un article industriel, par exemple, conduit généralement, aussitôt que l'offre a eu le temps de se conformer au changement, à une baisse dans le prix, grâce à cette circonstance que les articles industriels sont généralement produits à moins de frais quand ils sont produits sur une large échelle. La demande d'effets de coton a probablement été décuplée dans le cours de la dernière moitié du siècle. Mais cet accroissement a simplement produit une offre décuplée de produits à meilleur marché et vendus à un prix proportionnellement plus bas. Comment arrive-t-il alors qu'il n'en soit pas de même pour la demande de nourriture de l'homme ? Si, en effet, la nourriture était un article strictement monopolisé, si l'on n'en

gué philosophe de l'Economie politique. — Voyez *Traité d'Economie politique* par J. G. COURCELLE SENEUIL, t. 1, pp. 179, 180.

pouvait produire qu'une quantité limitée, nous pourrions comprendre comment un accroissement dans la demande de cette nourriture pourrait d'une manière permanente en maintenir le prix au-dessus de ses frais de production. Mais quoique la terre soit un article strictement monopolisé (du moins dans nos vieilles contrées), il n'en est pas ainsi de la nourriture, puisque la quantité de nourriture qui peut être tirée d'une superficie limitée de terre, est sinon infinie, du moins indéfinie ; et le maximum n'a encore été atteint ou près de l'être nulle part, et il ne le sera probablement jamais. Il s'agit donc encore de savoir comment il se fait qu'un accroissement dans la demande des moyens de subsistance n'agit pas de la même manière qu'un accroissement dans la demande de vêtements ou de souliers, ou de chapeaux, ou d'autres articles manufacturés ? Comment se fait-il que le prix en demeure d'une manière permanente au point de laisser un surplus de valeur permanent supérieur à ce qui est nécessaire pour payer les frais de production avec le profit ordinaire ? C'est une question à laquelle Adam Smith n'a pas su répondre : il n'a donc pas su résoudre le problème de la rente.

Le premier écrivain qui ait donné la vraie réponse à cette question, est croyons-nous, le Dr Anderson, dans un ouvrage publié en 1777 ; mais il restait à Ricardo d'apercevoir pleinement l'importance du principe qu'elle impliquait et de retracer son influence dans ses différentes portées sur les lois de la production et de la distribution des richesses.

Voici la réponse :

Un produit agricole entraîne des frais différents

par suite des divers degrés de fertilité de sols différents; et aussi de ce que, même pour le blé qui a été
obtenu sur le même sol, la totalité n'a pas été obtenue aux mêmes frais. Or, afin de produire la portion
de la moisson générale du pays qui a entraîné les
plus grandes dépenses, c'est-à-dire, afin d'engager à
cultiver les terres inférieures et à forcer les terres supérieures au point d'assurer à la société la quantité de
nourriture nécessaire à sa consommation, le prix du
produit agricole doit monter au moins assez pour
indemniser en plus des profits ordinaires, le fermier de
cette portion la moins productive de sa dépense. Si
le prix n'était pas suffisant pour cette part, le fermier retirerait son capital de la production de cette
portion de sa récolte qui a entraîné la plus forte dépense, et il le placerait dans quelqu'autre affaire où
il aurait une belle perspective de profits moyens (1).

(1) On dira peut-être que le fermier ne retirerait pas son capital
en ces circonstances ; qu'étant redevable de sa rente à son propriétaire, il tirera le plus qu'il pourra de sa terre, quel que soit
le prix du produit agricole. Nous pensons cependant qu'un fermier capitaliste (c'est seulement à cette catégorie que ce raisonnement s'applique) ne ferait certainement rien de la sorte.
S'il a fait un mauvais marché et entrepris de payer une rente
pour une terre si médiocre, que le produit aux prix courants ne
le fera pas rentrer dans son capital avec les profits ordinaires,
il vaudra beaucoup mieux, une fois pour toutes, qu'il s'en tienne
à une première perte, qu'il laisse sa terre en friche, et qu'il
emploie son capital dans une affaire qui *lui rapportera* le profit
ordinaire, que de continuer à jeter de la bonne monnaie dans
une mauvaise affaire en exploitant à perte. Et c'est pratiquement ce que tout fermier fait, quand son bail comprend des
terres trop pauvres pour une culture profitable. Il ne cultive pas
une telle terre tout simplement. Au lieu d'employer le surplus de
son capital à cultiver sans profit de telles portions de sa ferme,
il les laisse en friche, et il place ses économies dans le com-

Or, il n'y a jamais deux prix pour le même article sur le même marché. Peu importent au consommateur les frais auxquels l'article s'est élevé; il vise simplement à obtenir ce dont il a besoin aussi bon marché qu'il peut. Si donc, le prix du produit agricole est tel qu'il couvre avec des profits ordinaires le coût de la portion de la récolte générale qui a entraîné les plus grandes dépenses — et nous avons montré qu'il faut qu'il en soit ainsi pour le moins — ce sera plus que suffisant pour couvrir avec les profits ordinaires le coût de la portion qui a nécessité le moins de dépenses. Il y aura donc pour toute cette portion un surplus de valeur supérieur à ce qui est suffisant pour faire rentrer dans son capital le fermier avec le profit ordinaire; et ce surplus de valeur est le phénomène précis de la rente dont la théorie se propose de rendre compte.

2. — Telle est, brièvement, la théorie de la rente telle qu'elle est enseignée par Ricardo. Quand vous vous serez rendus tout à fait maîtres de ce principe, vous aurez la clé de quelques-uns des plus importants problèmes de la science économique. La doctrine, cependant, est une de celles qui prêtent le plus au malentendu; elle a été et, nous regrettons de le dire, elle est encore fort discutée. Il peut donc être bon d'exposer, en donnant un peu plus de détails que nous ne l'avons encore fait, les raisons sur lesquelles elle repose, et de faire mention de quelques-unes des principales conséquences qui en découlent

Et, en premier lieu, quelles sont les hypothèses

merce, dans des actions de chemin de fer, ou dans quelqu'autre entreprise qui promet des profits moyens.

sur lesquelles la théorie de la rente est fondée ? Elle
suppose, en premier lieu, que, de toute la production
agricole d'un pays, les portions qui, sur le marché,
sont vendues au même prix, n'ont pas toutes entraîné les mêmes frais ; et secondement que le prix
auquel toute la récolte se vend est réglé par les frais
de production de la portion qui a entraîné le plus de
dépenses. Ces deux points accordés, l'existence d'un
surplus de valeur, ou, comme nous pouvons l'appeler, la « rente économique », est une nécessité logique à laquelle il est impossible de se soustraire ; et
si nous allons plus loin, si nous tenons compte des
motifs qui poussent les fermiers à prendre et les
propriétaires à donner en location la terre, nous ver-
rons que c'est également une nécessité logique que,
sous l'action de la concurrence, cette « rente économique » passe au propriétaire du sol. Un instant de
réflexion rend cela évident. Si le blé entraîne des
frais différents, et si le prix est capable de couvrir
avec les profits ordinaires le coût de la portion la
plus coûteuse, ce prix ne peut qu'*être plus que suffisant* pour couvrir avec les profits ordinaires les frais
de portions moins coûteuses. Dans le cas donc de
tout produit agricole ayant entraîné *moins* que les
plus grands frais, il faut qu'il se produise un « surplus de valeur ». Et il est également clair qu'il faut
que le propriétaire de la terre s'approprie ce surplus.
Car, quoique les fermiers, qui avaient des baux,
fussent capables, durant le cours de ces baux, de retenir quelques nouveaux accroissements de « rente
économique » qui pouvaient se produire, à l'expiration des baux, ils étaient sur le même pied que le

reste de leur classe. Si, dans ces circonstances, ils retenaient « la rente économique », le taux des profits
du fermage dépasserait largement le taux des profits
des autres occupations. Une telle occurrence ne
pourrait manquer d'attirer un accroissement de capital vers l'agriculture, et de conduire à une concurrence pour les fermes, qui pourrait seulement trouver sa fin naturelle quand les profits agricoles et
autres seraient nivelés, quand toute « la rente économique », ou surplus de valeur, serait transférée au
propriétaire du sol.

Nous pensons donc avoir toute raison de dire que,
si les deux suppositions que nous avons présentées
sont accordées, la théorie de la rente enseignée par
Ricardo s'ensuit comme une conséquence nécessaire.
Nous devons donc considérer les preuves de ces présomptions.

En premier lieu, nous disons que, de toute la production agricole du pays, les portions qui se vendent
au même prix n'ont pas toutes entraîné les mêmes
frais ; c'est-à-dire, qu'un baril donné de froment,
d'orge ou de pommes de terre d'une certaine qualité
n'entraîne pas les mêmes frais que tout autre baril de
froment, d'orge ou de pommes de terre de la même
qualité, et commandant, par conséquent, le même
prix. Et c'est sûrement une proposition qui n'a guère
besoin de démonstration rigoureuse. Nier que quelques portions de la moisson générale du pays aient
entraîné moins de frais que d'autres, c'est nier que
quelques sols soient plus fertiles que d'autres, c'est
nier que le comté de Meath soit plus fertile que le
comté de Galway, ce « plus fertile » signifiant que

l'emploi d'un montant donné de travail et de capital produit de meilleurs résultats. Le fait, cependant, s'il est examiné sérieusement, est, comme tous les axiomes de l'Economie politique, susceptible de preuve directe. L'ultime criterium convenable, dans ce cas, serait une expérience physique réelle sur le sol. Les fermiers, en fait, en poursuivent l'expérience, et le résultat est suffisamment démontré par la rente plus élevée qu'ils consentent à payer pour certaines terres. Nous pensons donc avoir toute raison de tenir comme un fait irréfragable, que toute la production agricole du pays, en prenant les mêmes genres et les mêmes qualités, n'entraîne pas les mêmes frais (1).

Mais secondement, le prix auquel toute la moisson se vend est déterminé par les frais de production de la portion dont la production a entraîné le plus de frais. Il ne faut, bien entendu, pas entendre par là que le prix marchand du blé correspond toujours

(1) On supposerait que ce fait, si évident une fois établi, n'aurait pas pu longtemps échapper à l'attention, du moins « des hommes pratiques ». Cependant, c'était une Commission de la Chambre des Communes, hommes qui se piquaient de connaissances pratiques, qui rapportait que un prix de 100ª à 105ª par quartier de froment était nécessaire pour mettre les fermiers à même de continuer la culture de leur terre, un prix inférieur n'étant pas « rémunérateur »; comme si les frais entraînés nécessairement par la production du blé étaient quelque quantité fixée, indépendante du caractère du sol sur lequel il pousse, où du point auquel la culture peut être poussée. D'autre part, il était réservé à un « théoricien » (Ricardo, dans son *Essai sur la Protection de l'Agriculture*), de découvrir que le blé peut croître, non seulement dans le même pays, mais sur le même sol en entraînant différents frais, et qu'ainsi le « prix rémunérateur » variera avec l'état de l'agriculture.

exactement aux frais de cette portion. Comme on l'a expliqué ci-dessus (1) l'on entend, en disant que les frais règlent le prix, que c'est le point dont le prix tend constamment à approcher, le centre vers lequel il gravite constamment. Cette prémisse étant posée, il ne sera pas difficile de prouver que le prix du blé est déterminé par les frais de production de la portion la plus coûteuse de la récolte générale. Il est clair que le prix doit, pour le moins, être suffisant pour couvrir ces frais avec les profits ordinaires. S'il n'en était pas ainsi, les fermiers ne se sentiraient pas encouragés à continuer à produire cette portion : un fermier ne continuera pas éternellement à produire du blé à perte. Avant de placer son capital dans son affaire, il considérera s'il a de bonnes chances d'en retirer les revenus ordinaires; s'il ne l'a pas, il ne fera pas ce placement. Mais si le prix ne peut, d'une manière permanente, être moins que suffisant pour couvrir avec les profits ordinaires les frais de cette portion, il est également certain qu'il ne peut pas, d'une manière permanente, être *plus* que suffisant pour le faire.

Cela ressortira de la considération des faits suivants. Entre les terres les plus mauvaises et les meilleures il y a des sols de tout degré possible de fertilité : il y en a qui produisent le blé à force de haute culture mais à de tels frais qu'il ne rembourserait pas le capital dépensé pour l'obtenir; il y en a d'autres où le revenu remplacerait le capital sans rapporter de profit; d'autres encore où le revenu rap-

______
(1) P. 119.

porterait un profit, mais inférieur à la moyenne ; et d'autres encore dont le rendement rembourserait juste le capital dépensé avec la moyenne des profits, et pas davantage. D'autre part, aucun sol à présent en culture ne rend autant de blé qu'on en pourrait attendre par une plus forte culture ; en forçant le sol il y a un point auquel le rendement reconstitue avec les profits ordinaires le capital dépensé, et pas plus, et au delà duquel, si la culture était poussée, l'accroissement de production qu'elle entraînerait ne serait cependant pas encore suffisant pour compenser la dépense avec le profit ordinaire : en un mot il y a un point jusqu'où il y a profit à cultiver, et au delà duquel il n'y a pas profit à cultiver, — fait d'où il résulte que, même sur le sol le plus fertile, les frais de production peuvent s'élever à un taux d'une grandeur indéterminée. Or si l'on tient compte de ces considérations, on verra que le prix du blé ne demeurera pas longtemps à un taux supérieur à celui qui est suffisant pour couvrir avec le profit ordinaire les frais de la portion de la récolte générale qui a nécessité le plus de dépenses ; car, si ce taux était supérieur à ces frais, le profit extraordinaire stimulerait aussitôt la culture ; les terres riches seraient affermées à plus haut prix, et les terres moins fertiles seraient soumises au labour ; et il en serait ainsi jusqu'à ce que, soit par un accroissement de l'offre, le prix fût abaissé aux frais de production, ou que, par l'accroissement de dépenses de la culture, les frais de production fussent égaux au prix (1). Il

______

(1) Voir ci-dessus, page 110, note.

s'ensuit donc que, de même que le prix du blé ne peut pas demeurer pour une période de temps assez longue à un point *plus bas* qu'il ne faut pour couvrir avec les profits ordinaires les frais de production de la portion la plus coûteuse, de même il ne peut pas non plus demeurer toujours à un *plus haut* point qu'il ne faut pour l'atteindre. L'extension à laquelle la culture peut être portée en soumettant les sols pauvres à la charrue, et en forçant les terres de meilleure qualité — ce que le Dr Chalmers appelle « la marge extrême de la culture » — doit être déterminée par les besoins de la société ; mais, à quelque point que la marge puisse être, quels que puissent être, dans l'état actuel de l'agriculture, les frais de production de la portion la plus coûteuse de la récolte générale, ces frais régleront le prix, le point vers lequel il tendra constamment à approcher.

Nous sommes convaincus d'avoir maintenant établi à votre satisfaction les deux hypothèses sur lesquelles repose la théorie de la rente de Ricardo. Répétons-le une fois de plus : Différentes portions, sur la quantité totale de production agricole obtenue dans un pays, qualité pour qualité, entraînent des frais différents de production ; et, secondement, le prix auquel le produit agricole se vend est déterminé par les frais de production de la portion de la récolte générale qui a entraîné les plus grands frais. De ces deux hypothèses, ou, comme nous pouvons maintenant les appeler, de ces deux faits, il résulte, comme nous l'avons déjà montré, que, dans la méthode d'exploitation agricole d'un pays comme l'Angleterre, il se produit un « surplus de valeur » ; tandis que, des

principes de la nature humaine mis en jeu dans le
trafic des fermes, il suit que ce « surplus de valeur »
doit aller, sous forme de rente, au propriétaire du
sol.

3. — La théorie de la rente que nous venons
d'exposer explique le phénomène de la rente dans le
cas de toutes les terres sur lesquelles la production
agricole entraîne moins de frais que le maximum
de frais auquel elle peut être obtenue avec profit; et
cette définition s'applique à la grande masse de terre
arable dans un pays comme l'Angleterre, mais elle
ne l'explique que dans ce cas. On a, par conséquent,
objecté à la théorie, d'abord qu'elle est en défaut
lorsqu'elle s'applique à des colonies neuves où les
meilleures terres, au point de vue de la fertilité et de
la situation, sont seules cultivées, où donc, puisque
tout le blé est obtenu à un seul et même coût, il pourrait, selon la théorie de Ricardo, n'y avoir aucun
« surplus de valeur »; et secondement qu'elle ne
saurait rendre compte du payement de la rente dans
le cas de la culture des plus mauvaises terres dans
tout pays où la production entraîne le maximum de
frais, aussi bien que dans le cas des terres qui sont
trop pauvres pour être exploitées, mais qui néanmoins payent une rente.

On ne peut nier que les faits ne soient tels que le
constate l'objection ; mais si vous avez pleinement
saisi ce que nous avons dit plus haut à propos du
genre de preuve qui sert à établir ou à rejeter les
lois économiques, vous comprendrez que, en aucune
manière, cette objection ne réussit à invalider la

théorie. Cette théorie, comme nous vous l'avons déjà montré, repose sur des faits tout aussi certains que ceux qui sont invoqués contre elle, et d'une étendue beaucoup plus large et d'une portée beaucoup plus considérable. L'objection prouve non que la théorie n'a pas de fondement, mais que, oûtre les phénomènes dont elle rend compte, il y en a d'autres qui ne rentrent peut-être pas proprement dans la « rente économique », mais qui, par leur nature, lui sont étroitement alliés et dont elle ne rend pas compte. C'est le cas, en somme et au plus, de ce que dans la science physique on appelle « un phénomène résidu » et que l'on doit traiter de la même manière, c'est-à-dire en cherchant une cause ou un principe nouveau à même d'expliquer le phénomène résidu (1).

(1) Quant au recours au « phénomène résidu » dans les recherches physiques, il y a toujours la question de savoir si la théorie qui laisse le fait inexpliqué, est à retenir, accompagnée de l'hypothèse de quelque cause concurrente découverte à laquelle le « phénomène résidu » peut se ramener, ou si elle doit être entièrement rejetée. Mais dans le raisonnement économique, de telles questions ne peuvent s'élever. Les raisons de la distinction ont été indiquées dans la troisième conférence; on doit les chercher dans le caractère différent de la preuve qui sert à établir les principes ultimes de la science physique et économique. La preuve d'une théorie physique, en dernier ressort, revient toujours à ceci que, en présumant qu'elle soit vraie, elle rend compte des phénomènes ; d'où il suit que la présence d'un « phénomène résidu » dans les recherches physiques affaiblit nécessairement la preuve des lois qui ne peuvent l'expliquer; et si ces exceptions deviennent nombreuses et importantes, elles peuvent conduire à l'entier rejet de la théorie. D'autre part, on a toujours regardé comme la plus forte confirmation de la vérité d'une doctrine physique, l'explication qu'elle donne pour des faits surgissant d'une manière inattendue au cours d'une recherche (V. Appendice C). Mais les principes ul-

Prenons par exemple le cas d'une nouvelle colonie pour tout acre de terre dont le gouvernement exige une rente avant d'en permettre l'occupation. Ici nous supposerons que seules les meilleures terres sont cultivées, et que tout le blé produit dans la colonie est obtenu aux mêmes frais. Dans ces circonstances, il est indéniable que la rente, ou ce qui a été appelé tel, a été fréquemment payé, et l'est encore dans beaucoup de cas. Il est certain cependant que les fermiers, soit dans une nouvelle colonie, soit ailleurs, ne s'engageront pas dans la production du blé pour en faire une spéculation commerciale s'ils n'ont pas une perspective raisonnable d'obtenir pour leur placement un revenu avantageux en la place où ils résident. Si un capitaliste émigrant peut faire 30 0/0 en employant des hommes à l'extraction de l'or, il ne se contentera pas de 20 0/0 pour la récolte du maïs. En conséquence, avant qu'un fermier consente

times de l'Économie politique n'étant pas établis par la preuve indirecte, mais par des appels directs à notre conscience ou à nos sens, ne peuvent être affectés par les phénomènes qui se présentent au cours de recherches postérieures (la preuve de l'existence de ces phénomènes consistant également dans l'appel à notre conscience ou à nos sens, et n'étant donc ni plus ni moins forte que celle des principes ultimes), ni, à supposer que le procédé de raisonnement soit correct, atteindre la théorie qui peut être fondée sur eux. Nous n'avons non plus ici d'autre alternative que de supposer l'existence d'une cause perturbatrice. Dans le cas qui nous occupe, par exemple, les circonstances quelconques où la rente peut se rencontrer, ne peuvent ébranler notre foi dans les faits que le sol de la contrée n'est pas également fertile, et que la capacité de production du sol le meilleur est limitée ; elles ne peuvent affaiblir notre confiance dans les conclusions tirées de ces faits, que la production agricole entraîne des frais différents et que dans le jeu des intérêts humains ce résultat conduira au payement de la rente au propriétaire de l'agent naturel supérieur.

à payer la rente demandée par le gouvernement pour
la terre coloniale, le prix du blé doit être à même de
l'indemniser de cette imposition. Ici donc il est évident que l'excès du prix sur les frais nécessités par la
production — lequel excès de prix va au gouvernement sous forme de rente — est un résultat du monopole de la terre dont jouit l'Etat.

Prenez encore l'autre cas que nous avons indiqué,
le cas de la rente payée pour la culture des plus mauvaises terres, ou un cas plus extrême encore, le cas de
la rente payée pour les terres les plus mauvaises de
la contrée, trop pauvres pour une culture d'un
genre quelconque. Dans le premier cas on peut
peut-être dire que le paiement de la rente est plus
apparent que réel. Il arrive rarement que les terres
comprises dans une ferme sous un seul tenancier ne
contiennent pas plusieurs variétés de sols. Une rente
moyenne est prélevée sur l'ensemble, et la mauvaise
terre paraît payer autant que la bonne. En fait, cepen-
·dant, c'est le profit extraordinaire tiré des meilleures
qualités de terre qui fait la valeur de la terre en
payant la rente pour le tout. Le payement d'une
rente sur les sortes inférieures est purement nomi-
nal ; de sorte que nous pouvons à bon droit dire que
virtuellement il n'y a pas de rente payée pour de
telles terres.

On dira cependant qu'une rente d'un certain genre
est payée pour tout acre de terre dans la Grande-Bretagne, quoique stérile et sans valeur. C'est vrai : mais
là où il en est ainsi, la terre n'est pas prise comme
spéculation commerciale. La rente qui peut être obtenue pour une terre trop pauvre pour être mise en

culture est une conséquence du fait que la terre, même quand elle n'est pas utilisée comme instrument de production de richesses, est encore un objet de désir comme moyen de jouissance, et étant ainsi limitée dans l'offre, elle devient un article de richesse. Les montagnes du Wicklow et des Hautes Terres d'Écosse, sur lesquelles on pouvait à peine faire pousser un baril d'avoine, se loueront néanmoins à une rente bien ronde comme chasses réservées; et même là où il n'y a pas assez de végétation pour abriter un lièvre ou un coq de bruyère, de telles terres cependant ne se donnent pas pour rien, puisque, du moins, elles servent à l'orgueil de la classe des propriétaires. Dans ce cas comme dans celui des terres inoccupées dans une colonie, la rente que le propriétaire a le droit d'exiger est simplement une conséquence du monopole dont il jouit.

Nous avons mentionné deux cas de rente dans lesquels le phénomène n'est pas explicable par la théorie de Ricardo. Nous en mentionnerons maintenant un autre : le cas de la rente payée à l'inventeur pourvu d'un brevet pour l'usage de son procédé breveté, là où ce procédé a annulé tous les autres. Ici l'article produit est tout produit au même prix ; néanmoins le breveté a le droit d'exiger une rente pour la location de son invention. Il est évident que la soi-disant rente, ou valeur en excès des frais et profits, est due dans ce cas à la même cause que dans celui que l'on vient de considérer comme un monopole. Il y a en fait une limitation au monopole du brevet, parce que l'article auquel son brevet s'applique peut encore être produit suivant le procédé ordinaire ;

mais, s'il est soumis à cette limitation, le breveté a un strict monopole de la production de l'article. Il refusera en conséquence de vendre son article excepté au prix qui lui laissera, non seulement le profit ordinaire, mais en outre un surplus de valeur ; ou, s'il ne préfère pas s'engager lui-même dans la production, il ne permettra pas que l'on use du procédé breveté excepté à la condition que la personne qui s'en sert lui paie un prix considérable pour avoir le droit d'en user, en le laissant au producteur comme indemnisation pour le prix de l'article.

Il appert ainsi que, outre les causes de la rente embrassées dans la théorie de Ricardo, il y en a une autre, le monopole, dont le phénomène peut également tirer son origine. Quand quelques-uns des agents ou instruments indispensables à la production d'un article sont monopolisés, la personne en possession du monopole peut refuser de laisser produire son article, excepté selon ses propres conditions ; par conséquent, en ces circonstances, l'article, quel qu'il puisse être, ne sera pas produit à moins que le prix n'en soit suffisant pour permettre au producteur de remplir ces conditions, en recevant d'ailleurs la rémunération ordinaire pour lui-même.

4. — Peut-être quelques-uns de nos lecteurs penseront-ils que l'introduction de deux principes distincts dans la théorie de la rente implique une complication qui n'est pas nécessaire ; et que — la terre étant un article monopolisé — la simple condition du monopole en connexité avec le jeu de l'offre et de la demande suffirait pour rendre compte du phéno-

mène dans tous les cas possibles. Un peu de réflexion cependant montrera qu'une telle généralisation n'est pas admissible. La rente agricole, telle qu'elle existe actuellement, n'est pas une conséquence du monopole du sol, mais de la diminution de sa productivité. N'était cette dernière, quoique la rente pût exister, elle serait, en ce qui regarde à la fois son montant et les lois de sa hausse et de sa baisse, gouvernée par des principes entièrement différents de ceux qui déterminent le phénomène réel sous sa forme plus familière. De plus, c'est une erreur de supposer que, en vue de l'existence de la « rente économique », la terre devrait appartenir à une classe de personnes et être cultivée par une autre, ou même qu'elle devrait être un produit marchand. Aussi longtemps que la terre ne sera pas de qualité uniforme, et aussi longtemps que sa productivité diminuera quand sa capacité de rendement aura été poussée au delà d'un certain point, les produits agricoles s'obtiendront à différents coûts, et dans ces produits, il y aura ce surplus de valeur dépassant la moyenne des revenus qu'on peut obtenir dans d'autres branches d'industrie, et qui, comme nous l'avons montré, est l'essence de la « rente économique ». Pour l'existence de la rente, le monopole et le jeu de l'offre et de la demande ne sont donc pas nécessaires ; ils ne suffisent pas non plus pour rendre compte du phénomène dans la forme où nous le trouvons le plus communément.

Les causes qui déterminent la rente dans le cas ordinaire de la rente agricole sont différentes de celles qui la déterminent dans les cas spéciaux sur

lesquels nous avons appelé l'attention : de même
les conséquences de la distribution des richesses
sont différentes dans les deux cas. Dans le cas ordinaire de la rente agricole, le rapport de la rente vis-
à-vis du prix n'est pas celui de cause à effet, mais
celui d'effet à cause ; la rente, en d'autres termes,
est la conséquence, et non la cause du prix élevé des
produits agricoles. Si, par exemple, la propriété fon-
cière était confisquée, le prix du blé n'en serait pas
affecté, puisque le prix doit être encore suffisant
pour couvrir la dépense de production de la portion
de la récolte générale obtenue avec le plus de frais,
et, comme nous l'avons déjà montré, ce prix n'est pas
plus que suffisant pour avoir cet effet à présent.
L'effet d'une telle mesure ne serait pas d'abolir la
« rente économique », mais simplement de faire passer cet élément de valeur des propriétaires aux cultivateurs de la terre.

D'un autre côté, dans les cas spéciaux de la rente
que nous avons signalés, dans le cas, par exemple,
de terres inoccupées dans une colonie, la rente n'est
pas l'effet, mais la cause du prix. Dans le cas de la
Grande-Bretagne, le prix du blé monte *parce que le
gouvernement demande une rente.* Dans le cas ordinaire, le propriétaire demande une rente *parce que le
prix du blé est élevé.* Si dans le premier cas le gouvernement était disposé à abandonner ses exigences,
le prix du blé tomberait proportionnellement ; dans
le dernier, le prix élevé n'étant pas dû aux exigences du propriétaire, ne serait pas affecté par leur
abandon.

La même observation est vraie pour tous les cas de

la rente, où la rente est la conséquence du monopole, par exemple, dans le cas d'un brevet. La valeur d'un article produit par un procédé breveté est suffisante pour rapporter une rente au breveté après avoir couvert les dépenses et les profits du producteur. Mais abolissez le monopole du brevet, et la concurrence des producteurs abaissera en même temps le prix du montant de la rente ; en d'autres termes, le surplus de valeur disparaîtra ; et c'est en fait ce qui arrive toujours à l'expiration du terme d'un brevet.

Mais la rente, suivant qu'elle résulte des principes indiqués par Ricardo ou du monopole, est, à son tour, régie par différentes lois. Au point de vue du premier phénomène — celui que nous pouvons appeler « Ricardien » ou « rente économique » — nous ne pouvons avoir maintenant aucune difficulté d'établir les conditions qui en déterminent le montant. Comme nous l'avons vu, la rente consiste dans le surplus de valeur appartenant au produit agricole supérieur à ce qui suffit pour indemniser le fermier de ses dépenses, aux conditions de rémunération courante dans le pays. Ce surplus de valeur dépend manifestement de deux conditions : d'une part, du prix du produit agricole ; d'autre part, de la quantité de ce produit qu'on peut obtenir sur une superficie de terre donnée. Nous pouvons donc formuler la loi de la rente agricole comme il suit : Le prix d'un produit agricole étant donné, la rente agricole, c'est-à-dire, la « rente économique » provenant de la terre arable variera directement avec la productivité de l'industrie agricole, cette productivité étant la fonction de deux variables : à savoir la fertilité naturelle du sol et l'habileté avec laquelle il est labouré ; ou, la productivité de l'industrie agricole étant donnée, la rente variera directement avec le prix du produit.

D'autre part, la rente, là où elle est une conséquence du monopole, dépend simplement de l'offre et de la demande de l'article. Le montant de la rente que le gouvernement anglais peut exiger pour des terres inoccupées en Australie n'est retenu par rien d'autre que sa propre volonté d'un côté et d'un autre côté la force du désir et la capacité d'achat des colons. Dans la Grande-Bretagne, les consommateurs pourraient et seraient prêts à payer dix ou vingt fois le prix actuel du pain plutôt que de s'en passer : et les propriétaires, nous pouvons oser le supposer, auraient peu de scrupule à exiger des rentes plus élevées, s'ils avaient le pouvoir de le faire ; mais justement, de même que la concurrence des fermiers agit pour mettre les seigneurs en état de s'approprier cette portion des revenus de la terre qui vient en excès du profit ordinaire, de même d'autre part la concurrence des propriétaires entre eux rend impraticable une plus grande exigence. Pour que les propriétaires pussent faire monter le prix du blé en réclamant de plus hautes rentes, il faudrait une entente de tous les propriétaires que, sans une loi coercitive, il serait impossible de mener à bonne fin. Mais ce que les propriétaires, par leur nombre et leur rivalité, sont incapables de faire, le gouvernement, maître du pouvoir centralisé de la société, n'a aucune difficulté à le faire. Si, par exemple, le gouvernement voulait exclure le blé étranger d'une nouvelle colonie, il pourrait, en demandant une plus haute rente, forcer le prix du blé à monter à quelque point voisin de l'extrême limite que les consommateurs voudraient et pourraient payer. La rente est donc dans un tel cas régie non par les frais nécessaires ou par les frais de production du blé, mais simplement par le besoin et par la capacité d'achat du consommateur d'un côté, et par la disposition du propriétaire de l'agent naturel de l'autre, ou pour se servir de la phraséologie ordinaire, par l'offre et la demande.

Nous sommes donc arrivés aux conclusions suivantes : La rente agricole, à laquelle la théorie examinée par Ricardo est seule applicable, diffère des autres cas auxquels nous avons fait allusion, premièrement eu égard à sa cause : la cause de la rente agricole étant constituée par les différences de frais qu'entraîne le produit agricole, tandis que les autres cas de rente sont dus au principe du monopole; secondement, elle diffère dans les conséquences auxquelles elle conduit : la rente agricole n'ayant aucun effet sur le prix, tandis que la rente qui résulte du monopole conduit à une hausse du prix en proportion de la rente ; et troisièmement, elle diffère par les lois qui la régissent : la rente qui résulte du monopole n'étant gouvernée, comme les autres cas de monopole, que par les principes de l'offre et de la demande, tandis que la hausse et la baisse de la rente agricole dépendent du rapport entre la productivité de l'industrie agricole et le prix du produit agricole.

Il est très important d'observer la distinction entre ces deux phénomènes de rente, à la confusion des-

quels les objections avancées par divers écrivains
contre la théorie de Ricardo doivent ce qu'elles possèdent de plausible. Si importante en effet est la distinction que, si nous entreprenions une nouvelle
nomenclature de l'Economie politique, nous préfére-
rions limiter le terme de rente au cas de la rente agricole, telle qu'elle a été examinée par Ricardo, en considérant les autres cas de rente, qui sont les conséquences du monopole, comme rentrant dans les taxes
sur les biens, auxquelles ils sont strictement analogues. On peut dire que dans un certain sens la sou-
veraine autorité de l'Etat a le monopole de tout
article de production, en tant qu'elle peut refuser
d'admettre qu'on le produise sauf à telles conditions
que, selon son souverain plaisir, elle est d'avis d'exiger. Le gouvernement britannique, par exemple,
impose une taxe sur le malt, et refuse d'accorder
que le malt soit excepté de la condition que pour tout
boisseau d'orge fermenté une certaine somme soit
payée au Trésor. La conséquence est que le prix du
malt monte au point suffisant non seulement pour
couvrir les dépenses et profits de la production, mais
pour laisser en outre un surplus de valeur qui va au
gouvernement comme taxe du malt. Si le gouvernement était disposé à faire monter la taxe plus haut, le
prix monterait plus haut ; s'il était disposé à abolir
la taxe, le prix s'abaisserait à proportion. Il est évident que c'est, à tous égards, un cas analogue à celui de la rente sur les terres inoccupées de l'Australie
et qu'il est accompagné de conséquences qui sont
précisément de la même espèce. Le revenu dérivé de
cette source serait donc plus proprement considéré

comme une taxe sur le produit brut que comme une rente. De même, la rente provenant d'un procédé breveté a tous les caractères d'une taxe. Cette taxe découle du monopole du breveté ; elle est réglée à sa discrétion ; elle constitue une addition au prix naturel de l'article. Le mot « taxe » cependant est généralement restreint aux exigences de l'État ; et le vague avec lequel le terme « rente » est appliqué à toute forme de revenu dérivant des objets donnés en location, est probablement trop invétéré pour être corrigé. Il est donc d'autant plus important de noter soigneusement la distinction dans les faits.

5. — En abordant les présentes observations, nous appelions l'attention sur le fondement de l'objection que M. Rickards a faite aux doctrines que nous avons examinées dans cette conférence et dans la dernière, à savoir « qu'elles reposent toutes deux sur la même supposition, celle de la diminution de la productivité de la terre comparée à la non diminution dans le pouvoir de la fécondité humaine ». Notre objet, en revenant à cette question maintenant, n'est pas d'offrir d'autres arguments pour soutenir une proposition qui, selon nous, a été déjà suffisamment établie, mais de nous servir nous-mêmes du raisonnement de M. Rickards pour illustrer ce que ces conférences ont eu pour objet de prouver, à savoir l'influence qu'ont exercée des méprises sur le caractère et la méthode de la science économique, en produisant les différences d'opinion relatives aux doctrines fondamentales auxquelles nous avons, dès le début, fait allusion.

M. Rickards nie que « la diminution de la productivité de l'industrie agricole » soit une loi économique fondamentale ; et après avoir cité M. Mill, qui établit cette loi en expliquant que cette loi est constamment neutralisée à un plus ou moins grand degré par des principes antagonistes que M. Mill appelle « le progrès de la civilisation », il continue par cette remarque (1) :

« Au point de vue de la *loi* de production bombardée par cet auteur comme « la plus importante proposition de l'Économie politique », nous nous avouons incapable de comprendre sur quelle fondation on suppose qu'elle s'appuie. La *loi* d'un système social, si nous comprenons bien l'expression, ne peut être déduite que de faits établis ; c'est une règle fondée sur la pluralité de cas qui ont mêmes effets. Nous sommes donc autorisés à demander : Quand, et où a-t-on trouvé une telle loi en action ? A quelle période ou à quel pays peut-on se référer où la règle a été ou est encore maintenant en vigueur ? Certainement, elle ne se soutient pas en Angleterre, pays où, à n'en pas douter, quoiqu'il y ait encore beaucoup à améliorer, « les hommes se sont appliqués à la culture avec énergie, et lui ont apporté quelques outils supportables » ; c'est aussi un pays où la densité particulière de la population a constamment pour effet de mettre des sols neufs en culture. Mais en Angleterre il semble que l'on peut admettre, ou, en tout cas, peut-on facilement prouver, à condition de prendre deux périodes quelconques suffisamment

____

(1) *Population and Capital*, pp. 135, 136, 137.

distantes pour fournir un bon témoignage, soit 50 ou 100 ou 500 ans, que la productivité de la terre est, relativement au labour dont elle a été l'objet, progressivement devenue de plus en plus grande... Mais la manière dont M. Mill rend compte des aberrations provenant de son hypothèse sur la loi de production présente à notre esprit des difficultés encore plus grandes. La loi, selon lui, est contrariée ou suspendue par un agent qui est « dans un antagonisme habituel » avec elle; et cet agent c'est, en bref, « le progrès de la civilisation ». N'y a-t-il alors d'exemples pour illustrer cette « loi » que dans les pays où la civilisation n'est pas en progrès? Est-ce une loi qui ne coexiste jamais avec un état de progrès social? Mais sûrement, c'est cet état que présupposent tous nos raisonnements en tant qu'économistes; c'est « le cours naturel des choses », comme M. Senior le dit justement ; car « c'est le cours pour lequel la nature nous a préparés. Supposez que la civilisation n'avance pas, et tous les phénomènes du système social que les économistes ont étudiés et décrits sont renversés ; la population décroît, l'association au travail cède la place à l'isolement, la machine au travail manuel, les communications sont coupées, l'échange est empêché, et le travail de toute espèce, non seulement agricole mais aussi industriel, devient de moins en moins productif. C'est, sans aucun doute, vrai ; mais il n'est pas aisé de voir là ce que M. Mill appelle « la plus importante proposition de l'Economie politique », car c'en est une qui agit seulement dans un état anormal des affaires humaines et qui laisse la vraie règle sans action toutes les fois que le dessein de la Providence et la destinée de notre espèce sont remplis, c'est-à-dire qu'il y a progrès de la civilisation. C'est ce progrès qui, par ses effets et ses influences multiples, directs et indirects, comme l'avance M. Mill lui-même, tend à conférer, au fur et à mesure que le nombre et les richesses se multiplient, un accroissement de productivité à la fois au sol et à tout autre champ de l'industrie humaine. C'est là en vérité une « loi » qui, aussi loin que l'expérience nous renseigne sur ce point, n'a jamais manqué d'agir, et dont nous pouvons donc, raisonnablement, inférer que sa bienfaisante action doit vraisemblablement encore continuer. »

La conception que M. Rickards a d'une « loi économique » est, comme il semble d'après ce passage, quelque chose d'essentiellement différent de celle de M. Mill, et, comme on pouvait s'y attendre, les vues de ces économistes, quant au genre de preuve applicable à une telle loi, offrent également une certaine variété.

Une « loi économique », d'après M. Mill, représente l'influence qu'une cause particulière (dans le cas présent, le caractère physique du sol) exerce sur quelques-uns des phénomènes de la richesse ; et, conformément à cette opinion, sa méthode pour établir la loi consiste à recourir aux faits qui prouvent le caractère physique en question, et puis à raisonner sur les prémisses ainsi obtenues. Selon M. Rickards, d'autre part, une « loi économique » n'est pas une assertion relative à l'influence d'une cause quelconque, ou même d'une influence combinée d'un certain nombre de causes connues et définies, mais le relevé de l'ordre où les événements ont réellement eu lieu, ces événements étant le résultat d'une grande variété de causes, plus ou moins connues ou tout à fait inconnues ; et, sa conception d'une loi économique étant telle, il a naturellement recours à l'histoire ou à des tables statistiques afin de l'établir. L'une est un relevé relatif à une tendance existant maintenant, dont on doit chercher la preuve ultime dans le caractère de l'homme ou dans la nature physique : l'autre est un relevé concernant un fait historique, et qui, comme tel, doit, en dernier lieu bien entendu, reposer sur une démonstration documentée. En quelque sens donc que chacun puisse être déterminé, il est clair que l'un ne peut être pris en réfutation de l'autre, puisqu'on en arrive simplement à l'affirmation d'une proposition entièrement différente. En décidant donc entre M. Rickards et M. Mill, nous avons à considérer, non quelle est la proposition vraie, car il n'y a rien d'incompatible entre les deux doctrines, mais quelle est celle qui, eu égard aux fins de l'Économie politique, l'explication des phénomènes des richesses, remplit le but poursuivi.

Or, touchant cette « loi » « qui, autant que l'expérience jusqu'ici nous renseigne, n'a jamais été en défaut » (c'est ce que dit M. Rickards) — « le progrès de la civilisation », — il est évident que, comme nous l'avons observé en répondant au même argument dans une occasion antérieure (1), une telle constata-

____
(1) V. p. 192.

tion ne donne aucune explication des phénomènes
relatifs à la production et à la distribution des richesses; mais elle est elle-même l'expression d'un
phénomène complexe et difficile dont c'est à l'économiste de trouver une explication. Avancer cette
proposition comme le résultat final d'une spéculation
économique, — s'opposer à toute analyse des causes
dont dépend la prétendue « loi » (et c'est ce que l'argument de M. Rickards exigerait), c'est simplement
abandonner toute prétention à résoudre les problèmes
des richesses, c'est abandonner tout de suite la cause
de l'Economie politique en tant que branche de recherche scientifique.

D'autre part, l'influence des qualités physiques
du sol, telle qu'elle est exprimée par la loi de sa
diminution de productivité, au sens de M. Mill, est
un principe des plus importants dans ses rapports
avec les objets de l'Economie politique, et tout à
fait essentiel pour nous permettre de comprendre les
phénomènes réels présentés par l'industrie agricole ;
c'est un principe qui, pris conjointement avec les
intermédiaires variés contenus dans cette expression « le progrès de la civilisation », explique, entre autres choses, la tendance générale à la baisse des
profits et à la hausse de la rente, qui est, quoiqu'in-
terrompue, fréquemment et parfois pour de longues
périodes néanmoins, une des circonstances les plus
frappantes qui se rattache aux intérêts matériels des
sociétés en progrès. Il faut observer qu'il n'y a rien
dans ce que nous avons cité de M. Rickards, ni, nous
pouvons l'ajouter, n'importe où dans son ouvrage,
qui puisse proprement être considéré comme capable

d'attaquer l'exactitude de cette explication. Dans les termes, à la vérité, il nie quelques-unes des propositions sur lesquelles elle est fondée, mais dans les termes seulement ; quand nous en venons à examiner sa pensée, nous trouvons qu'elle se réfère à une question tout à fait distincte. Ses remarques, autant qu'elles sont appropriées, consistent à tenter de tourner en ridicule l'idée de toute explication.

« La loi de M. Mill », dit-il, « n'est pas encore entrée en action. » Et pourquoi ? « Parce que, apparemment, elle a été contrariée par une loi d'une tendance opposée. Elle a été différée (pour ne pas dire plus) par l'antagonisme habituel de causes variées. » Nous désirons surtout ne pas dénaturer les idées de M. Rickards, mais il nous semble que la seule conclusion qu'on puisse tirer de ce langage, est qu'il refuse d'admettre l'existence d'une loi ou d'une tendance, à moins que l'action de cette loi ne soit parfaitement libre de toute influence entravante ou contrariante ; bref, qu'il regarde la réaction mutuelle des forces contraires comme une fiction philosophique, amusante, mais imaginaire.

Il est à peine nécessaire de dire que de telles vues tendent directement à attaquer tout le système reçu de la philosophie inductive. Si, par exemple, de telles objections doivent être prises en considération, comment établir la première loi du mouvement ? On pourrait dire : « Quand et où une telle loi a-t-elle été trouvée en action ? Certainement, elle ne se présente pas en Angleterre ». Il s'en faut qu'un projectile, une fois en mouvement, avancera toujours dans la même direction avec une rapidité égale ; nous savons que le meilleur fusil n'enverra pas une balle à plus d'un couple de milles, et que, presque immédiatement, cette balle s'écartera de la ligne droite suivant une ligne ressemblant presque à une parabole. « La loi du mouvement agit-elle seulement dans un état anormal des affaires humaines? » Si le philosophe physicien voulait expliquer que la tendance naturelle de la loi est « habituellement contrariée » par la force contraire de la pesanteur, il pourrait être arrêté par cette réplique que cette manière de rendre compte « des erreurs admises d'après la loi supposée présente à l'esprit des difficultés encore plus grandes ». La loi du mouvement, selon le philosophe physicien, « est contrariée ou suspendue par un facteur qui est dans un habituel antagonisme, et cet agent c'est, en un mot, la loi de la gravitation ». « Faut-il alors trouver les seules illustrations de cette loi dans les pays » où la loi de la pesanteur n'existe pas ?

Il est, disons-nous, à peine nécessaire d'insister sur ce qu'une telle façon de raisonner présente de tout à fait inconciliable avec la logique reçue dans les sciences inductives; et, si elle est admise, la structure doit tomber. La diagonale d'un parallélogramme ne doit plus représenter la résultante des forces représentées par ses côtés. Les faits de l'ascension d'un ballon à travers l'air, de la hausse du mercure dans le tube de Torricelli, doivent être considérés comme « une réfutation » de la loi de la gravitation, les mouvements giratoires d'un *boomerang* comme une réfutation de la première loi du mouvement. Le sel neutro, justement parce qu'il est neutre, ne doit plus contenir d'acide. Le frottement n'a pas d'existence, pas d'effet, parce qu'il ne force pas le véhicule à s'arrêter. La marche d'un bateau contre le vent et la marée prouvent qu'il n'y a ni vent, ni marée. Le progrès de la civilisation du monde est une preuve qu'il n'y a point de passions dans la nature humaine, et point de lois dans le monde physique qui tende à l'empêcher. Bref, la notion des « antagonismes contraires » doit être tout de suite rejetée. La tentative pour résoudre des uniformités complexes en quelques principes simples — dans le langage baconien, « l'interprétation de la nature » — doit être abandonnée, et nous sommes ainsi amenés à nous contenter de résultats statistiques grossiers.

Selon les opinions qui ont été indiquées ici sur le caractère et la méthode de la science, l'Économie politique n'est rien autre chose que la statistique des richesses et de la population, et c'est une idée de l'Économie politique qui est probablement largement accueillie, et qui autant que nous le savons, peut comprendre quelques professeurs au nombre de ses adeptes. Si cette idée, cependant, doit être acceptée, les prétentions de la science, en tant que moyen d'analyser et d'expliquer les causes et les lois dont les faits présentés par les documents statistiques ne sont que le résultat, doivent être abandonnées. Nous pouvons en effet donner aux généralisations empiriques qui se trouvent au bas de nos tableaux statistiques, et qui sont « fondées sur la pluralité des cas qui ont mêmes effets », le titre ronflant de « lois de notre système social »; mais si ces généralisations empiriques

sont regardées comme des faits ultimes, si tout essai
d'analyse ultérieure est arrêté par le ridicule de l'idée
de causes qui sont dans un « habituel antagonisme »
et par la simple réassertion du phénomène complexe
qu'il s'agit d'expliquer, nous aurons beau persister à
retenir les formes et les phrases de la science, le caractère scientifique de l'étude aura disparu ; et l'Economie politique n'a plus à réclamer son admission
dans les catégories de sciences qui s'occupent non
seulement d'observer, mais aussi d'interpréter la nature.

Il nous semble cependant qu'il n'y a rien dans les
phénomènes des richesses qui les retranche de la
catégorie des faits à l'explication desquels on peut
appliquer la méthode d'analyse et le raisonnement
déductif. Nous avons essayé de montrer que si d'un
côté nous sommes dans une position fort désavantageuse, par comparaison avec ceux qui recherchent
les phénomènes physiques, privés que nous sommes
de l'expérience et ayant affaire à des faits d'un caractère extrêmement complexe et ondoyant ; d'autre
part, nous possédons des avantages particuliers, à
savoir de faire dériver nos prémisses ou directement
de notre conscience, ou de faits physiques facilement
vérifiables, au lieu d'être obligés de les obtenir par
les détours longs et compliqués du raisonnement
inductif. C'est en suivant la méthode indiquée en
se plaçant à ce point de vue qu'on a établi les
vérités que l'Economie politique a mises en lumière ; et en poursuivant fermement nos recherches
dans la même direction par la même route, nous
avons, pour notre part, la conviction que la plupart

des difficultés qui maintenant entourent les questions économiques peuvent être surmontées, et qu'on peut découvrir des vérités plus importantes (1).

(1). Il nous sera peut-être permis de renvoyer à notre essai « *Political Economy and Land* » dans le volume « *Essays in political Economy, theorical and applied* » pour la discussion de quelques-uns des aspects du problème de la rente qui n'ont pas été traités dans la conférence précédente, et en particuli . pour l'examen des effets des différentes conditions sociales qui font diverger la rente réelle payée par les cultivateurs de la « rente économique », telle qu'elle est définie par la théorie de Ricardo.

Appendice A.

Si, ne nous limitant pas aux économistes qui ont leur position et leur réputation établies, nous devions comprendre quiconque a écrit sur les questions économiques, il n'y a pas une seule doctrine comprise dans la science dont on pourrait dire qu'elle échappe à la discussion. Un récent écrivain (1857) par exemple, M. Mac Leod, dans un ouvrage intitulé « *The theory and Practice of Banking* », propose de faire table rase complète de l'Economie politique (qu'il considère comme « presqu'une branche de la mécanique » — « toutes les sciences », nous dit-il, « étant des questions de force et de mouvement ») et il propose de la reconstruire, en prenant comme base certaines notions du crédit et du capital, qu'il prétend être le premier à avoir développé, et à la découverte desquelles il a probablement un titre qui restera incontesté. Cet écrivain s'exprime ainsi. « Nous n'hésitons pas à dire qu'il n'y a pas un seul écrivain en Economie politique qui en ait rendu exactement compte (des lois des richesses), et surtout ce qui a été écrit récemment est le résultat de la méconnaissance plus extraodinaire de la nature de la chose, de la plus profonde ignorance des détails de la matière traitée dans une langue si palpablement contradictoire et impropre qu'elle n'excite rien d'autre que la surprise (v. II, introduction, p. LVIII)... *Le temps est venu où toute l'Economie politique doit être écrite à nouveau.* Toutes les erreurs de pensée et de langage, qui ont obscurci et retardé toutes les autres sciences inductives, déforment et obscurcissent présentement la science monétaire. C'est à peine s'il y a une expression d'un commun usage chez ceux qui ont écrit sur le sujet qui ne soit pas totalement erronée » (p. LXXX).

Les armes par lesquelles M. Mac Leod propose de démolir l'édifice actuel de la science sembleraient être des épithètes de blâme. Il y a peu d'exemples de sa méthode. La théorie de la rente de Ricardo, il la stigmatise comme une « dangereuse illusion ». La nomenclature de M. Mill implique « la plus ridicule erreur », etc. ; de la doctrine que les frais de production règlent la valeur, il dit qu' « aucune ânerie philosophique plus stupéfiante n'a jamais infecté les principes d'une science ». Dans la phrase suivante elle est appelée « un terrible sophisme » et un peu plus loin « une hérésie pestilentielle ». La distinction de M. Tooke entre la circulation et le capital montre « une conception profondément fausse de toute la nature de la science monétaire »... « une des plus profondes illusions qui aient jamais existé ». Un passage tiré du colonel Torrens n'est « rien qu'une série d'âneries et d'absurdités », ses constatations sont « simplement ridicules », tandis qu'ailleurs il fait rentrer M. Ricardo, M. Mac Culloch, M. John

S. Mill, M. Samuel Jean Loyd, le colonel Torrens,
M. Norman, Sir Robert Peel, et Sir Archibald Alison, »
dans la même catégorie générale des gens qui expo-
sent toute espèce d'erreurs logiques.

La cause de la faillite de l'Economie politique jusqu'ici, nous dit M. Mac Leod, est due à ce « qu'aucun
écrivain qui l'ait encore maniée n'a possédé les qualités indispensables du succès ». Ces qualités, l'écrivain donne assez clairement à entendre qu'elles ont
été incarnées pour la première fois dans la personne
de l'auteur de la « *Theory and Practice of Banking* ».
Parmi les conditions requises pour le succès, on
s'attendrait à voir citer la compétence pour écrire la
langue anglaise, et une capacité de comprendre les
vues des écrivains antérieurs, avant de les accuser.
Or, ces qualités se trouvent comprises au nombre
des qualités de M. Mac Leod, comme le lecteur va
pouvoir en juger par quelques exemples.

D'abord pour prendre un spécimen du pouvoir de
définition de cet auteur: « Le capital », nous dit-il,
« est le pouvoir circulant des biens » (v. II, introduction, p. XLVII). Quand M. Mac Leod nous dit ailleurs que
« l'objet et la fonction du capital est de faire circuler
les biens », il use d'un langage, qui, bien que sujet à
objection et répugnant vraisemblablement à la recherche scientifique et à l'usage populaire, a du moins
le mérite d'être intelligible. Puis, quand il dit que
« le capital et le crédit constituent l'agent de circulation », quoique l'expression implique une erreur fondamentale de la nature des facteurs en question, nous
pouvons encore deviner ce qu'il veut dire. Mais quand
il dit que « le capital est le pouvoir de circulation des

biens », s'il n'a pas l'intention d'attribuer aux biens une
facilité de locomotion, il use d'un langage qui ne saurait exprimer aucune sorte d'idée ; cependant, c'est,
nous dit-il, « le sens primitif et naturel du capital »,
distingué du « sens secondaire et métaphorique ». A
supposer que M. Mac Leod eût voulu dire par cette
expression « le pouvoir de circulation des biens », ce
qu'assurément les termes ne comportent pas, à savoir, le pouvoir qui fait circuler les biens, cette interprétation même ne l'aidera pas. D'après ses remarques d'ailleurs, il est clair qu'il voulait désigner la
monnaie et le crédit. Or, ni la monnaie ni le crédit
ne constituent le *pouvoir* qui fait circuler les biens,
pas plus que l'air ne constitue le pouvoir qui trans-
met le son, ou le langage le pouvoir qui communique
les idées. Le *pouvoir* qui accomplit toutes ces choses
est la volonté humaine : la monnaie et le crédit dans
un cas, l'air et le langage dans un autre, sont les intermédiaires ou les instruments par lesquels les diverses fins sont remplies. Mais sans entrer dans la
question métaphysique, demandons-nous ce que l'on
penserait d'un écrivain qui définirait l'air « le pouvoir de transmission des sons » ou le langage le
« pouvoir de communication des idées ».

Prenez un autre exemple de la précision scientifique de M. Mac Leod. Il pose ainsi le criterium d'un
principe vrai : « *toute formule vraie, ou règle générale,
doit porter sur sa face tous les éléments qui influencent
son action* » (p. xxv), c'est-à-dire qui influencent l'action de la formule ! On peut faire des conjectures sur
l'idée que M. Mac Leod a l'intention d'exprimer ; mais
les mots tels qu'ils se présentent, sont dépourvus de

sens. Prenez un autre cas, (p. LXI, etc.,) M. Mac Leod
fait des objections à la loi des frais « de production
réglant la valeur », parce qu'elle est inapplicable « à
tous les cas où les mêmes frais de production produisent des articles de qualités différentes ». M. Mac
Leod nous apprendra-t-il comment « les frais de production » peuvent « produire des articles » ? Dans un
autre passage, voici ce qu'il écrit : « Seule de toutes
les sciences politiques, ses phénomènes (c'est-à-dire
les phénomènes de la science monétaire), peuvent
s'exprimer avec la certitude infaillible des *autres*
lois de la nature » (p. XXXV). Si nous nous aventu-
rons à des conjectures sur la signification de ce remarquable passage (qui a un curieux anneau d'hi-
bernianisme autour de lui), il est fort probable que
M. Mac Leod *a voulu* dire que les phénomènes de la
science monétaire peuvent s'exprimer avec la même
certitude infaillible que les phénomènes des autres
sciences inductives — pensée, on se l'imaginerait
volontiers, qui pourrait être traduite sans mettre
trop rudement à l'épreuve les ressources de la
langue anglaise (1).

(1) Comme spécimen de son style quand il est moins gêné par
des considérations scientifiques, prenez le passage suivant :
« Quelques économistes prétendent que les règles de la science
ne sont pas applicables aux cas extrêmes. Abri admirablement
approprié à l'ignorance, vraiment ! De tels arguments prouvent seulement l'incapacité de ceux qui en usent. Si un architecte avait fait une erreur de calcul sur la force des matériaux
de ses colonnes, et que sa construction vînt à tomber, s'il allait
criant : « C'est un cas extrême, les lois de la mécanique ne
s'appliquent pas à ce cas », le monde le regarderait comme
un sot. Si un ingénieur, dont la chaudière serait sur le point
d'éclater par la maladresse d'un ouvrier, s'avisait à dire que

Voilà quelques spécimens et pas du tout défavorables du style scientifique ordinaire de M. Mac Leod; ils sont pris, on l'observera, dans la partie de son ouvrage où l'on devrait trouver le soin de l'expression si on pouvait l'y trouver, c'est-à-dire dans ses définitions et dans les indications de principes généraux.

Nous avons appelé l'attention sur ces spécimens, non seulement à cause de l'importance du soin de la pensée et du langage dans la discussion économique, mais parce que cet écrivain, non content de prononcer une condamnation générale absolue sur tous les écrivains précédents en Economie politique, a spécialement énoncé leurs défauts au point de vue de la précision du langage, qualité que de toute évidence il

c'est un cas extrême, et que les lois de la chaleur ne s'y appliquent pas, il passerait pour un sot. Dans les deux cas l'on dirait que l'ingénieur et l'architecte n'ont pas prêté une attention suffisante aux lois de la nature. On ne dirait pas que les lois de la nature ont pâli devant l'incompétence de l'homme. Ces Economistes, qui disent que les lois de leur science ne sont pas applicables aux cas extrêmes sont justement comme cet architecte ou cet ingénieur. Une telle doctrine n'est invoquée que pour masquer leur incompétence et leur ignorance. Une fausse théorie peut assez bien rendre compte d'un cas particulier, comme une machine peut rester en repos avec son piston faussé, ses roues et ses coudes détraqués; mais la preuve qu'une machine est bien finie c'est sa facilité de travail; il faut la mettre en mouvement pour l'éprouver exactement. Il en est tout à fait de même d'une théorie; il faut qu'elle soit mise en œuvre, en mouvement. Si elle est vraie, comme une machine bien arrangée, elle fonctionnera facilement, elle expliquera tous les phénomènes de la science; si elle n'est pas vraie, comme une machine mal montée, elle craquera, se fendra, se brisera dans toutes les directions.

« M. Macaulay a usé d'une semblable méthode d'argumentation avec une grande habileté et un grand résultat »; etc.

s'attribue à lui-même à un degré particulier. Ainsi sa colère passe toutes les bornes contre M. Mill, parce que cet auteur déclare au début de son traité qu'il n'entre pas dans son dessein « de viser à la beauté métaphysique de la définition, quand les idées suggérées par un terme sont déjà assez déterminées pour les besoins pratiques ». C'est pour cela que M. Mill est accusé d'adopter délibérément « toute la vague phraséologie du public », en cherchant à « fonder un système sur le vague babil du parler commun ». Après les quelques exemples donnés ci-dessus, il est probable que la plupart des lecteurs préféreront le peu d'exactitude de M. Mill à la précision rigide de M. Mac Leod. *Mallem, mehercule, errare cum Platone.*

Mais un mot pour montrer comme M. Mac Leod est à même de comprendre les auteurs dont il traite les écrits avec tant de mépris. Une grande partie de l'introduction à son second volume est consacrée à un essai de discussion sur la doctrine reçue, qui attribue aux « frais de production » une influence prédominante sur la valeur de certaines classes de biens. « L'Economie politique », dit-il, « ne pourra jamais avancer d'un pas tant que cette hérésie fondamentale n'aura pas été absolument déracinée. » Qu'oppose-t-il donc à cette hérésie fondamentale ? Ceci donné en capitales : « LA VALEUR NE PROVIENT POINT DU TRAVAIL DU PRODUCTEUR MAIS DU DÉSIR DU CONSOMMATEUR. Alléguer que la valeur provient du travail du producteur c'est en Economie politique une erreur absolument analogue à la doctrine de la fixité de la terre en astronomie » (p. LXIV).

A supposer que l'analogie fût parfaite (quoique,

pour nous, nous soyons incapables de l'apercevoir),
M. Mac Leod nous apprendra-t-il qui a dit que « la
valeur provient du travail du producteur? ». Sa prétendue « réfutation » était plus particulièrement dirigée contre les vues de M. Ricardo et de M. Mill.
Dans le second paragraphe du grand ouvrage de
M. Ricardo, il est dit ce qui suit : « L'utilité n'est donc
pas, quoiqu'elle lui soit essentielle, la mesure de la
valeur échangeable. Si un bien n'était en aucune
manière utile, en d'autres termes, s'il ne pouvait en
aucune manière contribuer à notre satisfaction, il
serait dépourvu de valeur échangeable, si rare qu'il
puisse être, ou *quelque quantité de travail qui puisse
être nécessaire pour le procurer*. » La première phrase
du chapitre de M. Mill sur « l'offre et la demande dans
leur rapport avec la valeur » est comme suit : « Pour
qu'une chose puisse avoir quelque valeur d'échange,
deux conditions sont nécessaires. *Elle doit être de
quelque usage*, c'est-à-dire cela doit conduire à quelque dessein, *satisfaire quelque désir;* mais secondement la chose ne doit pas seulement avoir quelque
utilité, il faut aussi qu'il y ait quelque difficulté à se
la procurer ».

La réfutation que M. Mac Leod fait de la doctrine
que « les frais de production règlent la valeur »
est donc simplement une réfutation de la conception fausse et extravagante qu'il en a. Si l'on en
veut une preuve plus forte qu'on prenne le passage
suivant où il s'élève contre la restriction ordinaire
faite à cette doctrine « parce que, pour qu'elle puisse
indiquer le prix correctement, même dans ce seul
cas, il lui faut cette atténuation essentielle, que

l'offre soit illimitée » (p. LXI). Or, si l'offre « était illimitée », l'article ne pourrait avoir aucune valeur d'échange quelconque. Les auteurs qui ont soutenu cette doctrine ont déclaré, et c'est cela que Mac Leod avait apparemment l'intention de dire, que les articles, dont la valeur est réglée par les frais de production, sont seulement ceux que l'on peut librement produire selon une quantité nécessaire quelconque ; mais M. Mac Leod ne peut faire distinction entre cela et une « offre illimitée ».

Quand un écrivain montre ainsi une entière inaptitude à comprendre la pensée d'auteurs aussi remarquables par la netteté et le pouvoir d'expression que M. Ricardo et M. Mill (car nous ne supposerons pas qu'il les dénature intentionnellement), on peut se faire une idée de sa compétence pour la tâche qu'il a entreprise de reconstruire la science de l'Économie politique. Il est inutile, bien entendu, de noter « ses arguments » dans la réfutation de la doctrine en question. Il sera temps de le faire quand il montrera qu'il comprend le principe qu'il attaque.

Les limites de l'investigation économique discutées dans le texte, quoique, comme on l'a vu, ne concordant pas avec les théories d'économistes distingués, ont, dans le développement actuel de la science, été toutes presqu'universellement observées. Comme règle, tout économiste, aussitôt qu'un fait économique a été rattaché à un principe mental, considère la question comme résolue, autant que la science des richesses s'y trouve intéressée ; tout comme il la considère également résolue quand il a rattaché un tel fait à un principe physique. Quoique Ad. Smith n'ait pas formellement discuté la question, sa manière de voir peut être tirée du passage suivant : « Cette division du travail, de laquelle découlent tant d'avantages, ne doit pas être regardée, dans son origine, comme l'effet d'une sagesse humaine qui ait prévu et qui ait eu pour but cette opulence générale qui en est le résultat. Elle est la conséquence nécessaire, quoique lente et graduelle, d'un certain penchant naturel à tous les hommes qui ne se proposent pas une utilité aussi étendue, c'est le penchant qui les porte à trafiquer, à faire des trocs et échanger une chose pour une autre. Il n'est pas de ces premiers principes de la nature humaine dont on ne peut pas rendre compte, ou bien cela paraît comme plus probable, s'il est une conséquence nécessaire de la raison et de la parole » (*Richesse des nations,* livre I, ch. II.). En d'autres termes, il refuse nettement d' « expliquer les lois de l'esprit » dans lesquelles la division du travail a lieu ; les regardant comme des faits que l'on n'a pas à expliquer, mais dont il faut prendre note et sur lesquels il faut raisonner, de la même manière précisément que dans un chapitre suivant, il note les qualités physiques des métaux précieux — leur transmissibilité, leur durabilité, leur divisibilité, etc. — comme des faits physiques dont on a à tenir compte, afin de comprendre leur adoption générale pour en faire des espèces monétaires. Il n'essaye pas plus d'expliquer les principes mentaux qui conduisent à la division du travail qu'il n'essaye d'expliquer les principes physiques qui rendent les métaux précieux convenables comme moyens d'échange. Dans les deux cas, comme le dit M. Senior, « il se contente d'établir leur existence ».

Le seul écrivain, à notre connaissance, qui ait, en pratique, dépassé les limites indiquées et observées par Adam Smith, est M. Jennings dans ses *Éléments naturels d'Économie politique.* Non content d'admettre les principes mentaux comme des prémisses sur lesquelles on raisonne, comme on fait pour les principes physiques, M. Jennings regarde l'explication des lois de l'esprit comme faisant partie intégrante de l'Économie politique ; et, conformément à cette idée, son ouvrage est consacré à une analyse des principes de la nature humaine, psychologique et

physiologique, qui sont mis en action dans la poursuite des richesses. Ainsi, ayant ramené les opérations de l'activité à certains mouvements musculaires
et nerveux, il continue « par la recherche de ce
qu'est le *modus operandi* de l'influence mentale qui
met en action ces instruments organiques », et ce
modus operandi ayant été analysé, et les éléments
mentaux du processus déterminés, il en fait la base
de la division des actions industrielles. Il les divise
comme il suit : premièrement, ceux qui sont « marqués simplement par la loi d'une coexistence antérieure » — dont il donne des exemples, « creuser,
battre le blé, ramer, semer », etc. ; deuxièmement,
ceux qui sont « marqués par l'application du jugement aux empêchements de pensée purement mné-
motechnique », par exemple « ceux de surintendants, d'inspecteurs », etc. ; troisièmement ceux « qui
sont marqués par l'application de la loi de la ressemblance à ces procédés de la pensée », par exemple
ceux « des sculpteurs, des peintres », etc... ; et quatriè-
mement, ceux qui sont « marqués par une plus ample
application du jugement à la ressemblance », par
exemple, « ceux des juges, législateurs », etc.
(pp. 115 à 117).

Jusqu'ici la nomenclature de l'Économie politique
a été dressée dans ses rapports avec les phénomènes
des richesses, ou le mode de sa production et de sa
distribution.

M. Jennings, adoptant une idée différente de la
nature de la science économique, définit et classe
d'après des principes tout différents. Ainsi la « Consommation, » il la définit « la classe d'actions

humaines où l'instrumentalité des centres nerveux afférents est prédominante ». Les sensations qui se rapportent à la consommation il les divise à leur « en deux classes, selon qu'elles sont transmises par les nerfs de la sensibilité commune, ou par les nerfs d'une sensibilité spéciale ». La première classe comprend : « les sensations de résistance » ou « de température » ; « les sensations qui suivent la satisfaction de l'appétit », etc... La dernière, comprend celles transmises par les nerfs d'une sensation spéciale, et comprend les charmes de « la couleur », de « la forme », et « du son » ;... « le goût délicat que le palais ressent de substances élaborées, où les propriétés de saveur sont jointes à des odeurs analogues, et sont répandues dans des substances agréables à toucher ».

Si l'Economie politique doit être traitée de cette manière, il est évident qu'elle sera bientôt une étude toute différente de celle que le monde a connue jusqu'ici. Il est sans doute vrai, comme M. Jennings le remarque dans sa préface, que la matière subjective de l'Economie politique représente le résultat complexe de lois mécaniques, chimiques, physiologiques et biologiques, en même temps que des lois de la philosophie mentale et politique. Mais nous ne pouvons admettre qu'il suit de là que « tout sujet d'une complexité supérieure par toutes les lois qui régissent tout sujet d'une complexité inférieure, en outre de ses propres lois, ne devrait être examiné que quand les difficultés qui entourent chacun de ces sujets moins complexes auraient été surmontées progressivement et par série ». Si cette règle était rigoureusement mise en vigueur, et s'il n'était permis de prendre le titre d'économiste avant de s'être rendu maître de toutes les sciences moins complexes, en y comprenant la mécanique, l'astronomie, la chimie, le magnétisme, l'électricité, la physique générale, la physiologie, la biologie, et aussi la philosophie mentale et politique, la pratique aurait certainement gagné l'avantage de faire une réduction très étendue dans les rangs économiques, si, en effet, à l'exception de M. Jennings lui-même, on pouvait trouver quelqu'un au monde capable de passer la terrible épreuve. Mais nous confessons que nous sommes tout à fait incapables de voir la nécessité d'exiger des choses aussi impossibles de l'intellect humain. Certes, pour revenir à l'exemple tiré d'Adam Smith, il est possible d'apercevoir que la division du travail et l'échange facilitent la production des richesses, sans décider si la disposition qui mène dans cette voie est une faculté originelle ou dérivée; ou de comprendre les avantages que les métaux précieux offrent comme mesure de la valeur et comme moyen d'échange, quoique nous puissions tout à fait ignorer si ce sont des substances simples ou complexes, ou s'ils apparaissent au pôle positif ou négatif de la batterie. Ou pour prendre un exemple tiré du livre de M. Jennings, nous avouons que nous sommes tout à fait incapables de voir la lumière nouvelle jetée sur les causes qui déterminent la condition du travailleur, parce qu'il nous dit que, durant « la production, l'action des nœuds centrifuges des fibres nerveuses est prédominante » tandis que, durant la « consommation », « ce sont les nœuds centripètes des fibres nerveuses qui l'emportent ». Tant que le résultat sera le même,

tant que les êtres humains possèderont les mêmes
énergies, requerront la même subsistance et seront
influencés par les mêmes motifs, les lois économiques des salaires seront les mêmes, bien qu'elles
n'aient pas de nœuds centrifuges ou centripètes de
fibres nerveuses dans leur corps. A supposer même
que la connaissance encyclopédique demandée par
M. Jennings fût aisée à atteindre, il nous semble que
la confusion et l'erreur seules ressortiraient de l'extension de l'enquête économique au delà des limites
qui ont été jusqu'ici observées. Prenez, par exemple,
la division des actes industriels que nous avons citée,
d'après M. Jennings, et qui est, en outre, fondée sur
son analyse de l'engrenage des principes mentaux,
quelle est la valeur *économique* de cette classification? Quelle lumière jette-t-elle sur les phénomènes
et les lois des richesses? M. Jennings place dans la
même classe « d'agents industriels » les juges et les
législateurs, parce que les actions dans lesquelles ils
sont engagés sont « marqués par l'application du jugement et de la ressemblance aux procédés de la
pensée purement mnémotechniques », mais, économiquement considérés, s'il est désirable de les classer, les juges sont séparés par un intervalle bien
plus large des législateurs que des « surintendants »
ou des « terrassiers, des batteurs, des rameurs, ou
des semeurs », qui sont placés dans des classes distinctes, les juges étant des officiers grassement
payés, tandis que les législateurs (en Grande-Bretagne du moins) au lieu d'être payés sont obligés de
payer largement pour avoir le droit d'exercer leurs
fonctions. Si un juge est payé plus qu'un terrassier,

ce n'est pas parce que l'exercice des fonctions de ce
dernier n'implique que « des procédés de pensée mnémotechniques », tandis que l'exercice des fonctions
du premier implique, en outre, la faculté de juger et
de percevoir les analogies — ceci, au point de vue
économique, étant un accident; mais parce que les
personnes qui sont qualifiées pour remplir les fonctions de juge sont beaucoup moins nombreuses que
celles qui sont qualifiées pour creuser la terre; et la
raison de la plus grande rareté des premiers tient en
partie ce que les facultés naturelles requises sont
plus rares, et en partie à ce que la dépense nécessaire pour les développer est considérable.

La classification sera, nous le supposons, plus ou
moins parfaite selon la mesure où elle prendra pour
base les qualités de ses objets qui, au point de vue
des fins de la science, sont essentielles; mais une
classification basée sur une analyse des actions psychologiques ou physiologiques, qui ont lieu dans la
production ou la distribution des richesses, ne par-
tagera pas les producteurs ou les distributeurs selon
leur importance économique, mais selon des circonstances qui, à un point de vue économique, sont
purement accidentelles.

Appendice C.

Le passage suivant du Dr Whewell dans son « *Histoire des sciences inductives* » contient un exemple si
élégant du processus logique qui a servi à établir les
grandes généralisations dans les sciences physiques,
que, en vue d'illustrer les allusions que nous avons
faites çà et là dans le texte à la manière de raisonner
suivie dans les recherches physiques, nous avons été
amené à en faire cet extrait :

« Quand nous considérons l'histoire de la théorie de
l'émission de la lumière, nous voyons exactement ce
que nous pouvons considérer comme le cours naturel
des choses dans la carrière d'une théorie fausse. Une
telle théorie peut, dans une certaine mesure, expliquer les phénomènes qu'elle était tout d'abord forcée
d'étudier ; mais chaque nouvelle classe de faits exige
une nouvelle hypothèse, — une addition à la machine ; et au fur et à mesure qu'on observe, ces ad-
ditions incohérentes s'accumulent, jusqu'à ce
qu'elles fassent éclater le cadre original. Telle fut
l'histoire de l'hypothèse des épicycles solides ; telle a
été l'histoire de l'hypothèse de l'émission matérielle
de la lumière. Dans sa forme simple, elle expliquait
la réflexion et la réfraction ; mais les couleurs des

plaques minces y ajoutèrent l'hypothèse des coups de transmission et de réflexion facile : les phénomènes de la diffraction enveloppèrent ensuite les molécules de lois hypothétiques et complexes d'attraction et de répulsion ; la polarisation leur donna des côtés ; la double réfraction les soumit à des forces particulières, émanant des axes des cristaux ; finalement la dépolarisation les chargea de l'invention complexe et étrangère d'une polarisation mobile ; et tout cela une fois accepté, il y avait encore un mécanisme additionnel qui manquait. Il n'y a ici aucun succès imprévu, aucune heureuse coïncidence, aucune convergence de principes provenant de différents points : le philosophe construit la machine, mais ses parties ne s'adaptent pas ; elles tiennent ensemble seulement tant qu'il les presse : ce n'est pas le caractère de la vérité.

« Dans la théorie des ondulations, d'autre part, tout tend à l'unité et à la simplicité. Nous expliquons la réflexion et la réfraction par les ondulations ; quand nous venons aux plaques minces, les « coups » requis sont déjà compris dans notre hypothèse fondamentale puisqu'ils sont autre chose que la longueur d'une ondulation ; les phénomènes de la diffraction également exigent de tels intervalles ; et les intervalles ainsi exigés concordent exactement avec les autres en grandeur, de sorte qu'on n'a besoin de recourir à aucune nouvelle propriété. La polarisation nous entrave un moment : mais pas longtemps : car la direction de nos vibrations est jusqu'à présent arbitraire, nous laissons à la polarisation d'en décider. Cela posé pour la polarisation, nous trouvons qu'elle répond aussi à un objet entièrement différent : elle donne la loi de la double réfraction. La vérité peut donner naissance à une telle coïncidence ; l'erreur ne le peut pas. Mais les phénomènes sont devenus plus nombreux, plus variés, plus étranges ; peu importe : la théorie se montre à leur hauteur à tous. Elle ne fait pas une seule hypothèse physique nouvelle ; mais le stock original de ses principes lui permet de tirer la contre-partie de tout ce que montre l'observation. Elle rend compte, elle explique, elle simplifie les cas les plus compliqués : elle corrige les lois et les faits connus ; elle prédit et tranche les lois et faits inconnus ; elle devient le guide de son premier maître, l'observation ; et, éclairée par des conceptions mécaniques, elle acquiert une vue qui transperce la forme et la couleur pour pénétrer jusqu'à la force et à la cause » (vol. II, pp. 464-6).

Tel a été le processus qui a servi à établir les grandes inductions dans les recherches de la physique. Dans la recherche économique (comme nous l'avons montré dans notre troisième conférence), cette méthode détournée n'est pas nécessaire, les faits ultimes et les assertions étant susceptibles de preuve directe.

TABLE DES MATIÈRES

Imprimerie BUSSIÈRE. — Saint-Amand (Cher).